子どもの泣くわけ

「癒しの子育てネットワーク」代表
阿部秀雄

はじめに

子育て最大のナゾ——。

子どもが泣くと、親はなぜ切なくなり、一刻も早く泣きやませたくなるのでしょうか。

子どもの泣き声がキンキンと耳に響いて、居ても立ってもいられなくなるのは、いったいなぜなのでしょうか？

早く何とかしなくてはと気がせき、でもどうしたらいいのとオロオロしたり、子どもから責められているように感じて、私ってダメな親だと思うほどに胸がズキズキうずいたり、あげくの果てに、いつまで泣いているのとばかりにムラムラと怒りが込み上げてくることさえあるのは、なぜなのでしょうか？

このナゾが解けると、子育ては一気にラクになるはず。

それというのも、「泣く」という、子どもにとってごく自然な感情表現を、私たちおとながうまく受け止められずにいるために、ややもすると、親と子の気持ちの歯車が微妙にかみ合いにくくなってしまうからです。

泣くという感情表現を止めてしまうと、感情そのものが抑えられてしまいます。悲しい・悔しいといった泣きたくなる感情だけでなく、楽しい・うれしいといった感情までも抑えられがちです。

でも、感じることは心の原動力。「感じる力」が弱ければ「生きる力」は育ちません。

つまり、「泣く力」は「感じる力」であり、「生きる力」そのものなのです。

子どもにとって「泣くこと」がどんな意味を持つのか、それがわかれば、まさに目からウロコ。親のつらい思い込みがなくなって、子育てについての新しい展望がひらけてくるでしょう。

親が子どもを泣かせないようにする（あるいは子どものほうから泣かなくなる）子育てを、この本では「泣かせない子育て」と表現しています。

それは、現代社会に生きる私たちおとなが、「泣いてなどいられない暮らし」を余儀なくされてきたことから必然的に生まれてきたものです。

それなりの社会的な背景があって広まってきたのであって、個々の親の愛情や知識が足りなかったから、というレベルの話ではありません。

ですから、この本をお読みになって、たとえそれまでやってきた子育てに思い当たることがあったとしても、ただこれからの子育てに生かしていけばいいだけのことですから、けっしてご自身を責めませんように。

むしろ、自分たち親子のしあわせな関係を取り戻す主体的な営みとして、「泣かせない子育て」を克服していく必要があるのです。

いま、私たちおとなの暮らしは、「泣いてなどいられない」暮らしから、「泣いてなどいられない、でも、泣かずにはいられない」ほどの厳しい暮らしへと、激しく変わっていくかに見えます。

そうした暮らしの変化を見据えながら、これからの子育てを確かなものに築き直していく一助として、この本を役立てていただけたらさいわいです。

著者

contents

第2章 どうして、泣かれるとつらくなるんだろう?

第3章 泣きたいときに泣ける子どもは強く生きられる

第4章 赤ちゃんの「泣く力」を育てるヒント

第5章 子どもも親も「泣き上手」でしあわせに

イラスト　喜多村素子
デザイン　ヤマシタツトム
編集協力　金子賀世子

序章

「上手に泣いて甘える子ども」は育てやすい

うちの子は「甘え上手」？

私はこの数十年来、全国の仲間たちと力を合わせて、「癒しの子育て」の方法を広めてきました。

「癒しの子育て」とは、何かの事情から本来のすてきな自分を発揮できなくなってしまった子どもの気持ちを、親がありのままに受け止め、親自身の内面を改めて振り返って大切な気づきを深めながら、子どもの傷ついた心を共感のことばでなぐさめたり、満たされなかった心を満たしてやったり、ダダをこねる子どもを正しい行動に導いたり、といった新たなかかわり方を体得していくことで、親も子も癒されてしあわせな親子関係をはぐくむことができるという、子育ての方法です。

私がおこなっている育児相談室では、親が子どもを「抱っこ」して心と体を触れ合わせる中で、子どものほんとうの気持ちを聞いたり親の気持ちを伝えたりする方法を活用しています。

相談スタッフが「抱っこ法」と呼んでいるこの方法を学び生かすことで、閉ざされがちだった子どもの心がひらかれ、しあわせな親子関係にとって大切な「上手に泣いて甘える力」がよみがえってくることが多いのです。

さて、ではこの「上手に泣いて甘える力」とは、どういう力なのでしょうか。それをわかりやすくお伝えするために、まずは「甘えること」について話しておくことにしましょう。

何といっても、「甘え上手」な子どもは育てやすい、と思いませんか。

講演でそう話したら、あるお母さんが手を挙げました。

「うちは三歳の男の子でとっても甘え上手ですが、育てやすいどころではありません」

「どんなふうに甘え上手ですか?」とお聞きすると、

「とにかく甘えねだりがひどいんです。このあいだの日曜日など、車で二時間かけて実家から帰ってくる途中で、『おじいちゃんとおばあちゃんにサヨナラの握手をしてこなかったから、もう一度引き返せ』ですよ。甘えるにもほどがあります」

するとⅡ、別のお母さんからも、

「うちは二歳の女の子ですが、公園に連れて行っても、私にべったりくっつきっぱなしで甘えています。友だちとは遊ばないので心配です」

「うちは三歳ですが、いまでもオッパイを飲んで甘えています。飲みたがっているうちは飲ませてやりたいと思ってはいますが、飲んでいる様子を見ると、どうもあまりしあわせな顔つきではありません。それでもやっぱり、甘え上手がいいのでしょうか」

といった声が相次ぎました。私は、

「それは、甘え上手とは違うのですよ。甘え上手という意味の説明がちょっと足りませんでしたね」

と頭を下げました。

私のいう甘え上手な子どもとは、親に向かって「こうしてちょうだい」というお願いをしやすい子どものことです。

子どもは、親にいろいろなお願いを聞き届けてもらわないと、しあわせに生きていくことができませんね。

赤ちゃんの「オッパイちょうだい」「おむつがぬれたよ」「抱っこして」といったお願いから始まって、もう思春期になった子どもでも、ときにはべたっと寄りかかってきたり、悩みを聞いてほしがったり、叱ってもらいたくなったり、「いまは黙って見守っていてほしい」と願ったりします。

そうしたお願いを率直に伝えてくれる子ども、訴えてくれる子どものことを、甘え上手な子どもと呼んでいるのです。

二時間も車を走らせてきたところで「もう一度実家に引き返せ」と言い張るというのは、その子どものほんとうのお願いとは思えません。むしろ、ほんとうのお願いを率直に伝えることができなくなっているので、無理難題を持ち出して遠回しに訴えている、と考えたほうがよさそうです。

友だちや遊具の魅力がいっぱいなはずの公園でお母さんべったりになっている子どもも、「友だちよりお母さんがいい」というよりは、何か心のモヤモヤがあって、それが友だちの世界に入っていくのを妨げているのでしょう。

あまりしあわせでない顔つきでオッパイを飲んでいる三歳の子も、おいしいオッパイを飲んでやすらいでいるというよりは、何かほんとうのお願いができないまま、モヤモヤした気持ちをオッパイでまぎらしているのかもしれません。

つまり、一見甘え上手でも、実は「甘え下手」なのかもしれないのです。

「泣くこと」は甘えの原点

子どもはことばやしぐさで甘えます。また、まなざしや笑顔でも甘えます。

たとえば、子どもが公園で、ベンチに腰掛けているお母さんから離れて遊んでいるうちに、ちょっと不安になりかけたところで、お母さんのほうを振り返ると、お母さんがニッコリほほえみ返してくれます。安心感がたちまち満タンになって、子どもはまた遊び始めます。これは、まなざしで甘えた例だということになりますね。

また、公園で遊んでいた一歳くらいの子どもが突然空を指さして、「パパ、アッ、アッ」「ママ、アッ、アッ、アッ」と、真剣な声で叫んでは、パパとママの顔をかわるがわる見つめています。見上げるとヘリコプター。感動を分かち合いたいというお願いを、指さしと声とまなざしを使って、伝えようとしていたのですね。

そんなふうに、甘えの表現はさまざまですが、甘えの原点は、やはり「泣くこと」です。発達の順序からいってもそうですね。

おなかがすいた、おむつがぬれた……、子どもは何かにつけて泣いて訴えます。親がオッパイを飲ませ、おむつを替えてやって欲求が満たされれば、満足して泣きやみます。

そうしたやりとりのおかげで、子どもは無事に生きていくことができますし、親と子のきずなもまた深められていきます。

たとえ大きくなってことばを話すようになっても、切実なお願いのときには、やはり泣いて甘えるしかありません。発達の順序だけでなく、切実さからいっても、泣いて甘えることが、甘えの原点になります。

ですから、その原点のところで甘えの働きを封じてしまう——つまり、泣くことを禁じてしまうと、甘えの表現全体が抑制されて、甘え下手になってしまうのです。すると、大切なお願いが親に伝わりにくくなりますから、子どもは苦しくなって、その苦しさをまぎらすいろいろなサインを見せるようにもなります。

子どもの「ほんとうのお願い」を知るために

甘え下手になっている子どもは実にたくさんいます。親自身が甘え下手に育ってきたために、我が子に対して「甘えさせ下手」になっている、ということもよくあることです。

子どもが甘え下手になっていると、子どものお願いが親に届きにくくなるので、子育てに何かと無理が出てきます。甘えられない苦しさをまぎらすかのように、すねたり、聞き分けがなくなったり、落ち着かなくなったり、夜泣きが始まったり、といった気がかりな様子を見せるようになるので、親はその対処にも悩むことになります。

また、気がかりな様子を見せているほどではないけれども、
「子どもとの気持ちの歯車がかみ合いにくい」とか、
「子どもとのあいだに目に見えないバリヤーがあるようだ」とか、
「言葉を交わしていても、お互いの気持ちが微妙にすれ違ってしまう」とか、
「子どもがかわいく思えない」とか、
「かわいがっているはずなのにどことなくよそよそしい」
といったことばを耳にすることもあります。

でも、だいじょうぶ。
「泣くこと」が甘えの原点なのですから、まず、泣きたいときに泣ける「泣き

上手」になるように導くことで、子ども本来の「甘える力」を取り戻すことができるのです。

第1章

子どもにとって「泣くこと」はこんなに大切

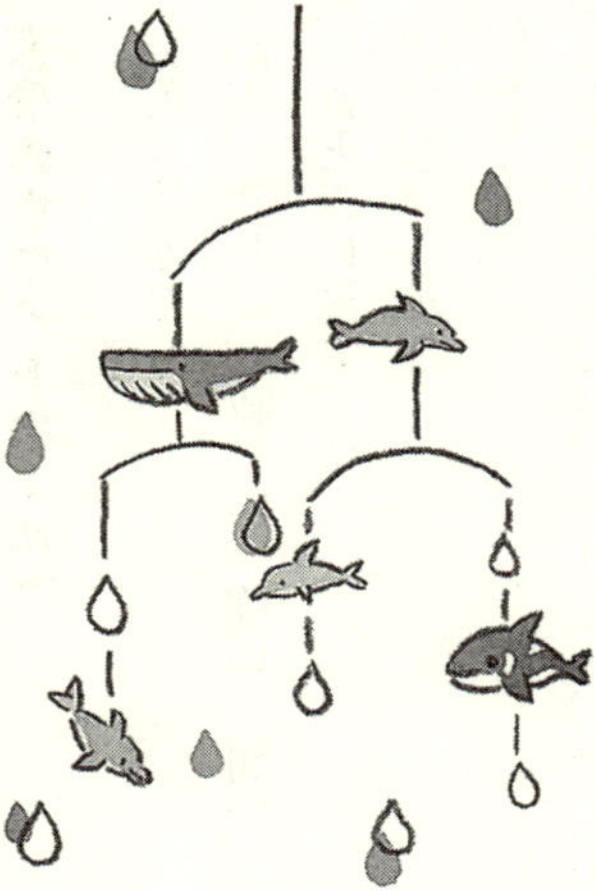

満たしてほしい欲求を伝える──「泣くこと」の働き①

「欲求のブラックホール」と「感情のホワイトホール」

そもそも、子どもはなぜ泣くのでしょうか？

泣くというのは感情の表現ですから、悲しい、寂しい、怖い、痛い、悔しいといった、何らかの「感情」が動いたときに泣きます。

では、どんなときに感情が動くのでしょうか？

それは、「欲求」の満足と関係があります。

生きていくのに必要な欲求が満たされるときには、うれしい、楽しい、面白いといった肯定的な感情を味わいます。欲求が満たされないときには、悲しい、寂しい、苦しい、悔しい、怖いといった、いわゆる否定的な感情を味わいます。

否定的な感情というのはちょっと誤解を招きやすい言い方ですが、その感情が「あってはいけない、否定されるべきもの」という意味ではありません。何かの欲求が「満たされていない＝否定されている」ということを教えてくれている感情、という意味ですから、むしろとても大切な感情なのです。

講演でそのことをお伝えしたら、あるお母さんは、いつのころからか、自分の中に否定的な感情が存在すること自体が悪いことなのではないかと思っていたので、「えっ、否定的な感情がいいの？　ほんとうに？」とつぶやきながら涙が止まらなくなってしまった、と話してくれました。

というわけで、欲求と感情とは表裏一体の関係にあります。ある感情が動くところ、その背後に何らかの欲求があります。

宇宙には、あらゆるものを吸い込むブラックホール（黒い穴）と、あらゆるものを吐き出すホワイトホール（白い穴）とがあるのだそうですが、心の宇宙にもそれに似て、満たしてほしがる「欲求の穴」と、吐き出したがる「感情の穴」があります。

たとえばある坊やが、お母さんが赤ちゃんを抱っこしているのを見てうらやましくなり、「ぼくも抱っこして、かわいがってほしい」という気持ちになったとしましょう。

そのとき、坊やの心の中には、抱きしめて満たしてほしい・理めてほしいという「欲求の穴」ができます。

同時に、「赤ちゃんが抱っこされてかわいがってもらっているのを見るのは悲しいよ」という感情ストレスがマグマのように激しく渦を巻く「感情の穴」ができて、しだいにふくらんでいきます。そして、ある限界までふくらんだところで、「泣き声警報」が鳴り響き、涙が流れて、全身から悲しみが表現され始めます。

その泣き声を耳にしたお母さんが大急ぎで駆けつけて、子どもをやさしく抱きしめて、愛情欲求を満たしてあげると、欲求の穴はたちまち埋められて姿を消し、子どもは満ち足りた表情に戻ります。そして、やさしくヨシヨシされるほどに、やがて感情の穴はマグマの発散・放出を終えて、目に見えないくらいに小さくしぼみ切って平静に戻ります。

ですから、泣くことの大切な意味は、第一に「満たしてほしい欲求を親に伝えること」、第二に「感情ストレスを解き放つこと」だということになります。

泣いて「存在感」をはぐくむ

次に紹介するのは、小学三年生のスミレちゃんのお母さんから聞いたお話です。

ゆうべ、スミレが見ていたアニメがとっても暴力的だったので、「見ないでほしいな」と言ったら、泣いてしまいました。

鼻水を垂らしながら号泣しているかわいい顔を、久しぶりに見せてもらいました。泣いている顔がかわいく思えるって、いいもんですねえ。

でも、ほんとうに見てほしくないなあと私は思っているので、アニメのことはこれからどうしていこうかと悩んでいます。

「たかがアニメくらいで、どうして泣くのよ！」

「三年生にもなっているのだから、ちゃんとわかるように、ことばで話しなさいよ」

と言いたくなりますか？

でも、ね。たとえおとなになっても、せっぱ詰まったときには泣くしかないではありませんか。

そこで、暴力的なアニメは見ないでほしいとお母さんに言われてスミレちゃんが泣いたわけはまず、「アニメ、見たいよ。見せてよ」という欲求を伝えたかったからだ、ということになります。スミレちゃんは、その欲求を率直に伝えられるほどに甘え上手だったのです。

「友だちだってみんな見ているんだよ。もしも私だけ見なかったら、仲間はずれになっちゃうよ」

と、必死に伝えたかったのかもしれません。

欲求＝友だちも見ている番組を見たい
泣く＝見たいよと伝える

と整理することができます。

こんなふうに子どもは泣くことで、安心感をはぐくんだり、あるがままに愛されたり、親子で楽しくかかわったり、自分の思うように好奇心を働かせたり、話したいことに耳を傾けてもらったり……といった大切な欲求を親に伝えます。

そうした欲求を満たしてもらった子どもには、自信や意欲や安心感や自己肯定感といった、しあわせな成長の根っことなる部分が育っていきます。これをひと言で「存在感」と呼ぶことにしましょう。

泣くことの働きは、欲求を伝達するという点では、ことばの働きに似ています。欲求を正確に伝えるという点ではことばに一歩譲るとしても、欲求をかなえてくれるように相手の気持ちを揺さぶる、という大きな強みを持っているといえるでしょう。

言いなりにならない、でも泣くことを禁じない

もちろん、そのお願いをすべて聞き届けるべきかどうかはまた別の問題。

赤ちゃんの欲求は「待った」が効きませんが、子どもが大きくなるにつれて、子どものためにならないと思えば聞けないときもあります。親の都合だってあります。すべて子どもの言いなりになっていたら、子どもをわがままにしてしまいます。

「これこれこういうわけで、そのお願いは聞くわけにいかないよ」

と説明して、親が言いなりにならなければいいだけのことです。

でも、そういう場合であっても、子どもが自分の意思を伝え、感情を味わうことは大切なことですから、

「わがままを言うな」

「聞いてもらえないからといって泣くな」

と叱ることはないわけです。また、

「泣いてばかりいないで、ことばでちゃんと言いなさい」

と叱ることもありません。ひと泣きして胸のつかえが取れれば、改めてことばで伝えることもできるようになりますからね。


ちなみに子どもの欲求は、大きく生理的な欲求と心理的な欲求に分けられますが、子どもが大きくなるにつれて、心理的な欲求の比重がますます大きくなっていきます。

さらに心理的な欲求の中でも、

「お母さんのことが心配だよ。元気になってほしいよ」

という欲求は、重大さにおいて群を抜いています。


親に頼らなければ生きていけない子どものことですから当然ですが、見方を変えれば、子どもは根っからの親思いなのですね。

ため込んだ感情ストレスを解放する――「泣くこと」の働き②

泣くほどにラクになる

アニメを禁止されそうになったスミレちゃんが泣いたもうひとつの理由は、「もし見られなくなった場合のことを思ったら、悲しくて、悲しくてたまらない。もう泣かずにはいられないよ」

という気持ちからです。

スミレちゃんは、張り詰めた感情マグマをスッキリ発散させてしまうほどに甘え上手だったのです。お母さんもまた、その甘え泣きをほほえましく受け止めていました。

ひょっとしてその番組が見られなくなるかもしれない、と欲求が満たされない場合のことを想像すると、「悲しい！」という感情ストレスが一気にふくれていきます。パンパンに張り詰めた感情の穴をそのまま放っておいたらますます苦しくなりますから、解き放つしかありません。

泣いてたまるかなどと気負っているうちにこらえ切れなくなって泣き始めると、不思議なことが起こります。

張り詰めていた緊張がすうーっとほぐれていき、気持ちがとてもラクになるのです。体も、心も、見る間にリラックスしていきます。それまであんなに苦しかったのがうそのようです。

泣くほどに、たまっていた苦しいストレスが、温かい涙とともにどんどん流れていくのが何とも心地よく、やがて笑顔もあらわれます。

また、泣き終わってみると、自分や世界が新鮮になった感じがします。いままで気になってたまらなかったことが許せるようになったり、いままで八方ふさがりでどうにもならなかった状況で新しい解決策がひらめいたりします。いままでおっくうだったことに取り組む元気も出てきます。

私たちおとなは、泣くという行為そのものがかわいそうなこと、と思い込んではいないでしょうか。だからこそ、子どもに泣かれると居ても立ってもいられなくなるのではないでしょうか。

でも、

欲求＝友だちも見ている番組を見たい
感情＝見られなかったら悲しい
泣く＝見たいよと伝える&見られない悲しみを解放する

と整理してみればわかるでしょう？

悲しいという感情がすでに動いて、ストレスがたまっているから、それを表現し解放しようとして泣くのであって、

「泣く＝悲しい」

ではないのです。

傷ついた心を涙が癒す

また、たとえば歩き始めた子どもがステンと転んで、泣いて訴えてきた場合を考えてみると、

欲求＝安全に過ごしたい
感情＝転んでびっくりした
泣く＝なぐさめを求める＆びっくりしたよという感情を解放する

と整理できますね。

いまさら転んだ事実を白紙に戻すわけにはいきませんから、「チチンプイプイ」あるいは「痛いの痛いの飛んでいけ」とおまじないを唱えながら、ヨシヨシしてあげればいいわけですね。

欲求と感情が表裏一体だとはいっても、ここでは、親子のやりとりは、欲求

よりは感情をめぐっておこなわれることになります。

お母さんにおおらかにヨシヨシしてもらいながら泣いているうちに、やがて子どもは元気を取り戻します。これを、人間の子どもが生まれつき身につけている、傷ついた心の「治癒力」と呼ぶことにしましょう。

子どもが育つ過程で、泣くほどの思いをせずにすめばそれに越したことはありませんが、温室で育てるのでないかぎりそうはいきません。転べば痛いし、友だちとけんかをして負ければ悔しいし、両親の不和を感じれば心配になるし……と例を挙げていけばキリがありません。

そのつど心が傷つきますが、それを癒して元気を取り戻してくれるのが涙なのです。

他方、赤ちゃんがせっぱ詰まった空腹で泣いている場合を考えてみると、次のようになります。

欲求＝空腹を満たしたい
感情＝空腹による苦痛
泣く＝空腹の苦痛を伝える＆感情ストレスを発散する

この場合、空腹が苦痛なのであって、やはり泣く＝苦痛ではないということがわかります。

もっとも、苦痛の状態が現に続いているわけですから、授乳をせずに、「泣くとラクになるよ」などとのんきにかまえているわけにはいきません。この場合は、親子のやりとりは欲求をめぐっておこなわれることになり、お母さんはなるべく早くオッパイをあげようとしますね。

それにしても、苦痛なのは空腹であって、泣くことではありません。

泣くことは「快感」

つまり泣くことには、先の項目でお話しした「欲求伝達」というコミュニケーションの働きと、「感情解放」という癒しの働きという、大切な働きが二つあるのです。そのときどきによって、お子さんの心の中で両者がどう働いているかを感じ取ってみてください。

これを図で示すと、次ページのようになります。

コミュニケーションの働きは相手に向かいますから、水平の矢印で示しています。感情解放の働きは、自分の内面にあるものをあらわす自己表出という意味合いが強いですから、上に向けた垂直の矢印で表現することにします。

もっとも、ただ感情を解放すればいい、ストレスを発散すればラクになる、というものではありませんね。お母さんがそばに寄り添って、子どもの泣きたい気持ちに共感して、やさしくヨシヨシしてくれてこそ、悲しい気持ちをぬぐい取ってもらうことができます。

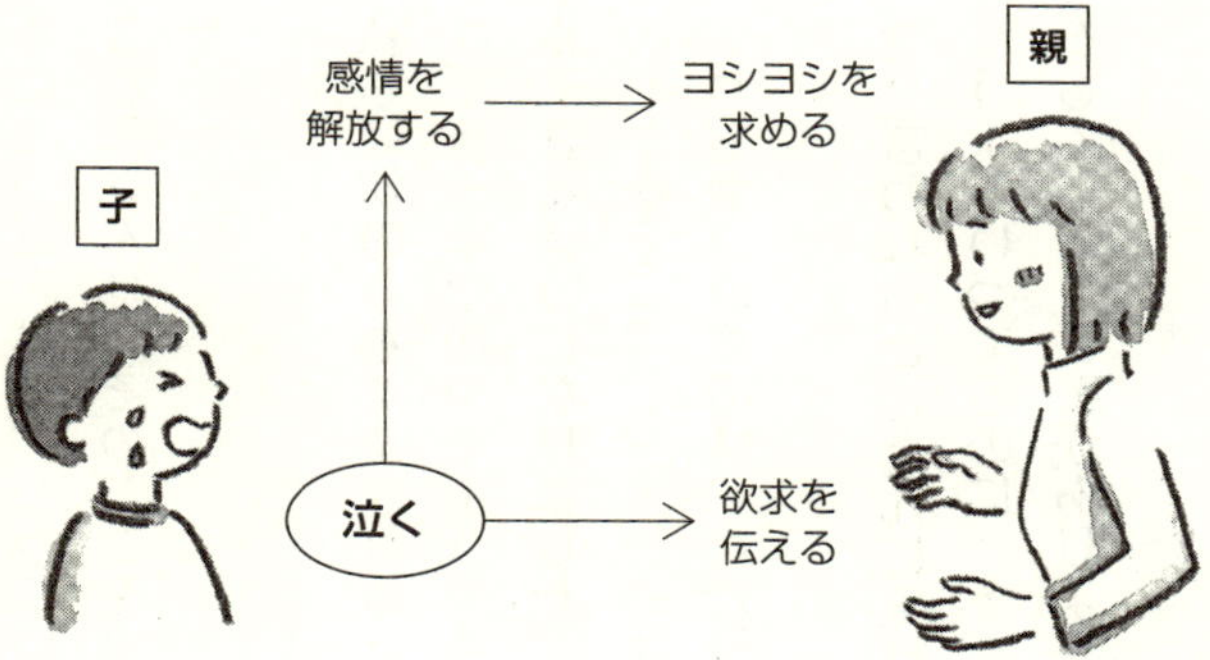

ですから、感情は、上に向かって表出されると同時に、ヨシヨシを求めて、これまたお母さんに向かうことになります。

悲しみや悔しさを全身で表現し、全身で受け止めてもらえる心地よさ、幸福感――。その時点で、治癒力が働いて悲しみや悔しさが消えるのですが、それだけではありません。親とのきずなを深め直して、存在感をさらに強くすることにもなるのです。

いずれにしても、泣くと感情ストレスが流れていきますから、まずは快感なのです。このことは、「泣き下手」のまま、つまり、甘え泣きの快感を知らないままおとなになった人には、しつこいほど力説しておかなければなりません。
あるお母さんは、そのことを実感できるまでに一年かかった、と話してくれました。

私も最初のうちは泣かれるとたまらなくつらくなり、相談室で支えてもらいながら一年かかってようやく、子どもが甘えて泣く心地よさが実感として納得できるようになりました。

夫も手応えは感じているようですが、それでもときおり、「こんなにしょっちゅう泣くのは、ただ泣き虫なだけだ」と私に対して不快感をあらわします。

そう言われるととたんに気持ちが落ち込んで、泣いている息子に、「せっかくうまくいってるのに、そんなに泣いたら台無しじゃないの」と八つ当たりをしてしまうことがあります。

泣くことは「ほんとうの気持ち」につながる扉

「ずっと、つらかったね」

だいぶ前のことになりますが、NHK朝の連続テレビ小説に「ファイト」という番組がありました。その中の、母と娘の気持ちが通い合うすてきなシーンを覚えています。

ヒロインの優がある事情で高校に行けなくなるのですが、真面目で不器用なお父さんはただ強引に行かせようとするだけなので、優はますます自分の殻に閉じこもり、好きな厩舎《きゅうしゃ》で抜け殻のような姿になっています。

お母さんも、最初のうちはうろたえ、不登校の理由を知ろうとしてやっきになるのですが、厩舎でベテランの調教師から、「馬の気が立っている、その理由はわからなくても、気が立っているという気持ちだけはわかる」と聞かされて、ハッと目覚めます。

お母さんの親心が立ち直った瞬間でした。帰宅して、黙々と食事のしたくをしている優を見つめているうちに、お母さんはたまらない気持ちになって、たまたまやけどした優の手をやさしく包んで、

「優、つらいね。ずっと、つらかったね」

と語りかけて、娘の肩をやさしく抱き寄せます。母と娘の心は涙のうちに通い合ったのでした。

子どもの「気がかりな様子」に気づいた親がオロオロしてしまうと、つい〝原因を探る・対策を講じる〟ことに走ってしまい、気がかりな様子の根っこにあるはずの「気持ち」がないがしろにされてしまいがちです。

「気持ち」といっても、お母さんが共感した優の「つらさ」は、厳密にいうと「感情」を指しています。

「気持ち」とは、「感情」よりは範囲の広いものです。

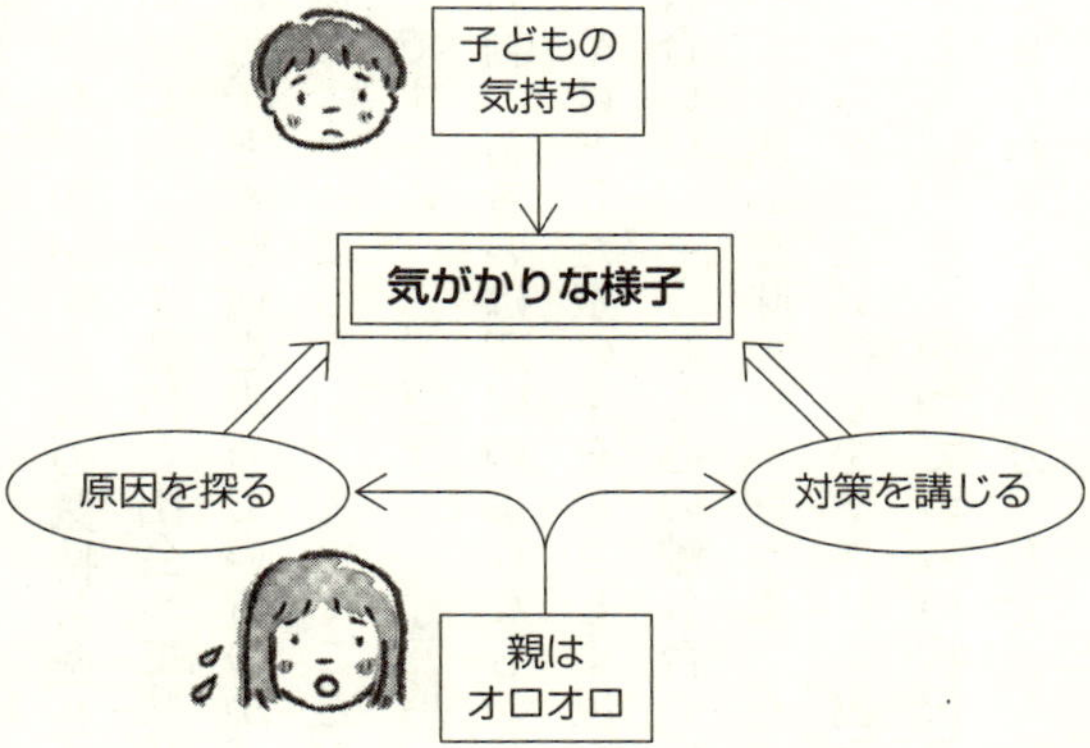

前に触れたように、否定的な感情は、何かの「欲求」が満たされないときに動きます。優の場合は、父の仕事がうまくいったらいいのに、友だちと仲良くできたらいいのに、という欲求が満たされなかったのです。この欲求も「気持ち」です。

また、学校に行けなくなってしまったことを親に話したら、かえって心配をかけてしまうだろう、という「思い込み」もあったかもしれません。これも「気持ち」です。

というわけで、「気持ち」とは、〝感情を含めて感情よりは広いもの〟と考えればいいでしょう。

でも、親が子どもの気持ちをわかろうとするとき、「泣く」という表現を入口として、まず感情と出会って共感することができれば、おのずから芋づる式に、子どもが何を求めているのか、どんなことを考えているのかといった「気持ち」全体につながっていくことができます。

ですから、「気持ち」＝「感情」ではないにしても、感情は気持ち全体の代名詞、あるいは窓口のようなもの、と考えたらいいわけです。

やけどした娘の手をやさしく包んだり、やさしく抱き寄せたりという体の触れ合いは、そうした心の触れ合いに結び付くものです。こうした触れ合いはすべて、広い意味での「抱っこ」だと私は考えています。

つらかった気持ちをやさしく包み込んでもらいながら涙を流すことのできた子どもは、どうやってつらい状況を乗り越えていけばよいか、親に対策を講じてもらわずとも、自分の力で答えを見つけることでしょう。

「自分の気持ち」と仲良くなる

優のお母さんは調教師の話を聞いているうちに、オロオロしている気持ちに乗っ取られている自分自身の心にも気づいたのではないでしょうか。

親が自分の気持ちと仲良くなることは、子どもの気持ちと仲良くなる近道です。

5章で詳しく紹介しますが、ある赤ちゃんは、パパとママのけんかのあとで表情が硬くなり、笑い声が消えてしまいました。翌日、ママがなぐさめようとして抱っこすると、赤ちゃんは激しく泣き出しました。

ママは泣き声を聞いているうちにつらくなって、「泣きたいのはこっちよ」と、思わず泣き出してしまいました。せきを切ったように涙があふれます。

すると、さっきまで大泣きだった赤ちゃんが、突然泣きやんで、ママを見つめています。

「ママが泣いたらそんなに不思議？　ママだって泣きたいときがあるよ。ママも悲しいんだもん……」

と言ったとたんに、

(あっ、そうか。私、悲しかったんだ)

と気づきました。

ご主人とうまく気持ちがかみ合わなくて、すれ違いばかりの日々が悲しくってたまらないのに、自分の悲しみにフタをしたまま、ご主人に当たることでバランスを取っていた自分の気持ちに、赤ちゃんが気づかせてくれたのです。

ママが大泣きを続けたら、赤ちゃんはめちゃくちゃ笑っていました。


感情喪失の時代に生きている私たちがこんなふうに、(私、悲しかったんだ)と自分の気持ちに気づくことは、本来の自分を取り戻す大きな一歩です。

自分のほんとうの気持ちに気づかないと、それをまぎらすかのような怒りの表現を、大切な相手にぶつけないではいられなくなるのです。

泣くことができてこそ笑うことができる

悲しい気持ちを表現する「泣き」の対極に「笑い」があります。うれしいとき、子どもは笑って気持ちを表現します。親子で楽しく遊んで、心から笑い合って、うれしい気持ちをひとつにできたらとってもすてきなこと。子どもはしあわせな気分を味わって、お母さんのことがますます大好きになること請け合いです。

中には、子どもの笑いを取るのがとっても上手なお母さんがいます。子どもが何かにぶつかったり転んだりして、あわや泣き出しそうなとき、お母さんがおかしな顔をして見せたり、自分もまねして転んだりして見せると、笑いのうちに少々のストレスなら発散して、子どもは元気を取り戻します。

そうはいっても、泣きと笑いとは対極にあるように見えて、実は密接につながっていますから、泣くという自然な表現が妨げられると即、笑うことに影響してしまい、自然な、心からの笑いが出にくくなってしまいます。

気持ちが沈んであまり笑えなくなったり、ゆったりした落ち着きが失われて妙にはしゃいだ笑いが目立ったりするようになるのです。

マイナスの感情とプラスの感情は表裏一体。どちらかを封じれば他方も感じられなくなります。

泣くと笑うは、

「泣き笑い」

「泣いても笑っても」

「泣こか笑おか」

などと、並べて使われることが多いのですが、なぜか、泣くということばが笑うということばの前に来ます。まるで、まず泣くことができてこそ、次に笑うことができるようになる、と暗に言っているかのようです。

「いま泣いたカラスがもう笑う」

まで来れば、もう疑う余地なし。いま心ゆくまで泣いたからこそ、心から笑えるようになるのですね。

子どもの自立心を支える──「泣くこと」の働き③

泣きながら未練を断ち切る

泣くことには、欲求を伝達して存在感を築くことと、感情を解放して治癒力を発揮させることという二つの働きがあると書きましたが、実はもうひとつ、第三の大切な働きがある、と整理しておいたほうがわかりやすいかもしれません。

それは、子どもの「自立心」を助ける働きです。

子どもの言い分をなるべく聞いてやりたいとは思っても、子育ての責任を負っているのは親ですから、最終的に、子どもに何らかの形で欲求を断念させるという決断をしなくてはならない場合もあります。

三年生のスミレちゃんに、暴力的なアニメを見てほしくない、と考えたお母さんはどうしたでしょうか。自分の考えを伝え、スミレちゃんの考えも聞いて、よく話し合っていくうちに、お互いに納得のいく答えが見つかったかもしれませんね。

でも、自分の思い通りにならない悔しさを、スミレちゃんが泣いて解き放ち、それをお母さんが、「ヨシヨシ、見たいよね。でも、見ないことにしようね」とやさしくなだめつつ励ますほどに、未練を断ち切って納得する、ということがあってよいのです。

ある五歳の男の子の話です。

この坊やはある病気のためにＩＣＵ（集中治療室）に入って、全身麻酔による手術をすることになりましたが、麻酔のマスクを口にするのをいやがりました。前にも経験しているので、麻酔を吸い込むことで意識が失われるのが怖かったのです。

「この子は賢い子だから、納得すればちゃんといやがらずにやるでしょう。お母さんからよく話してください」と医師から言われて、お母さんは心を込めて話しました。

すると坊やは、最後には泣きながら、

「ぼくがいやがっても、マスクをしてください」

と言いました。

はたして、坊やはマスクをされながら、ほんの数回イヤイヤをしただけで、あとはりっぱに麻酔の吸入を受け入れて、手術は無事におこなわれました。

上手にイヤイヤの甘えをすることで、怖さを断ち切ることができたのですね（そういえば、三歳の女の子が、「わたしって、イヤイヤしながらおりこうにするのが好きなの」と言うのを聞いたこともあります）。

子どもの感情を心と体で受け止めて

子どもの意志に逆らって親の主張を受け入れてもらわなくてはならないとき

もしばしばありますが、子どもにこうしてね、それはやめてねと言うとき、背中などに手を添えて子どもの動きを受け止めてあげると、納得がいきやすくなります。

ときには、頭では納得しながらも心が納得しないために気持ちがあふれてきて、泣いたり怒ったりすることがありますが、そうした子どもの感情表出を親が心と体で受け止めてヨシヨシしてやることで、子どもも心から納得して、未練を断ち切ることができるようになるのです。これが、しつけがうまくいくコツです。

子どもからすれば、そうしてもらうことで、おりこうなおにいさん・おねえさんになることができて自尊心を満足させることができると同時に、泣いてストレスを発散して気持ちスッキリ、という一石二鳥になります。

ただし、そのためには、「聞き分け」をめぐる親子のあいだの葛藤に直面した親が、それを乗り越えなければなりません。ところが往々にして、親が子どもの拒否にあうと、どうしてもひるんでしまって、親の意志を貫けなくなってしまいますよね。

たとえば、車の往来の激しい道路を、手をつないで歩いてもらおうとすると
き、ひとりで気ままに歩きたい子どもは、親の手を振り切ろうとします。でも、
そこで親がひるんでしまって、子どもの言いなりになってしまうと、しつけも
失敗してしまうし、子どもの自立心もまた育たなくなってしまいます。

それどころか、感情ストレス発散のチャンスを逃して、泣きたい気持ちをた
め込ませてしまうことにもなりかねないのです。

泣きたい気持ちをため込んだ子どもは、自己主張が強くなるというより、自
己主張に名を借りて無理難題を持ち出してくるようになるので、よけいに子育
てが難しくなります。

ですからくれぐれも、泣くから言いなりになってしまう、ということのない
ように。親と子のあいだの葛藤を安易に避けてしまうとその場はラクですが、
いずれはしっぺ返しが来ますから、手間を惜しまないようにしましょうね。

一時しのぎの育て方を、昔は「姑息《こそく》の愛」といってたしなめたのだそうです。

よく泣く子は弱虫になる？

泣き言を聞いてもらえればがんばれる

子どもが泣くのをヨシヨシと許してしまっていたら弱虫になりませんか、という質問をときどき受けます。

でも、そうはならないのです。

むしろ思い切り訴えたい気持ちが満たされていない子どもこそ、いつまでもぐずり続けるか、あるいは、無理をしてがんばり続けて、いつポキリと挫折してしまうかもしれないもろさを抱えることになります。

お母さんに気持ちを受け取ってもらえた子どもは、スッキリした気分になって、うれしくなって、もりもり元気が出るのです。無理のない元気なので、しなやかです。それこそがほんとうの強さではないでしょうか。

家で、親に泣き言を聞いてもらえる子どもは、外ではがんばりのきく強い子になります。

でも、「泣き言を聞く」というのは、気持ちをヨシヨシと聞いてあげることであって、何でも子どもの言いなりになることではありませんよ。

だいたい、泣き虫、弱虫、ということばがよくないですね。

「泣き虫、弱虫、はさんで捨てろ」などとはやしことばにもなっていますし、苦虫、腹の虫、ふさぎの虫、点取り虫……と、「虫」のついたことばを並べてみると、あまりいい意味では使われていません。

他方、「坊」のついたことばを並べてみると、甘えん坊、きかん坊、怒りん坊、暴れん坊……何となく陽性でおおらかな感じがします。

だから、せめて沖縄方言のように、「泣き坊」（ナチブー）と呼びたいですね。

がんばりたい、でも怖い

また、子ども自身が挑戦したいことと、それに伴って生じる困難との葛藤を、泣くことによって克服することもあります。

次に、水泳教室に挑戦した二歳半の坊や、イルカちゃんのけなげな泣きっぷりを紹介しましょう。

イルカちゃんは、お兄ちゃんとお姉ちゃんが夏休みのあいだ、短期の水泳教室に通うことになったのですが、何でも上のきょうだいと同じようにやりたがるイルカちゃんのことだからと思って、四日間の「親ばなれコース」に申し込みました。

イルカちゃんはやる気満々で、見学しているあいだもずっと自分がプールに入るのを楽しみにしていました。

ところが、いざフタをあけてみたら、ロビーで名前を呼ばれただけですでに大泣きです。ママはしがみついて泣いているイルカちゃんをぎゅっと抱きしめて、「いやなんだね」「怖いんだね」となぐさめていました。

コーチがときどき「おいで」と誘ってくれて、初日は結局、水着がぬれるところまでいったからまあいいか、という程度で終えました。家に帰ってからも、ママは「プールに入るのいやだったね」という気持ちに共感してみたつもりでしたが、イルカちゃんは納得できないようでした。

二日目、「イルカくんプール入る?」と聞くと「入らない」と言いましたが、出かけるのをどうしてもいやがるというふうでもなかったので、家で水着に着替え、腕に浮き輪をつけて車に乗り込んだのです。

それでも、ロビーに入るとたんに泣き出し、一日目と同様にママから離れられなくなりました。

いつもならまわりの目が気になるところですが、普段こんなに長く泣いたことがないので、泣きたい気持ちをためさせてしまったこれまでのツケの大きさを感じたママは、まず何よりも共感してあげなければと思ってイルカちゃんの「泣き」に付き合うことができました。

そうはいっても、「いったい原因は何だろう?」という思いがママの頭の中をめぐっていました。ほんとうにいやなのかな、それとも、お兄ちゃんやお姉ちゃんと一緒のコースに入るつもりだったのかな……。

ところが、家に帰ってひとり遊びをしているとき、イルカちゃんが突然、

「♪がんばりたいのに〜がんばりたいのに〜」

という自作の歌を口ずさむではありませんか。無意識に歌っているのをママが聞きつけたのです。

「イルカくん、がんばりたいんだね。だけど怖いんだね」と聞くと、「うん!」と言って飛びついてきたので、ママはやっと気持ちが通じ合えた気がしました。

「泣いてもいいから、がんばろうね」

ほんとうはがんばりたいという気持ちを自分から教えてくれて、今度はママのほうがハッとしてしまいました。それまでは、「いやだね、こわいね」という後ろ向きな気持ちを受け止めることばかりに気を取られていたことに気づい

たのです。

子どもは誰だって、「がんばりたい、でも、いやと言いたい」という気持ちのあいだで揺れているのですが、イルカちゃんの場合、まずは「いやだ」という後ろ向きな気持ちを十分に聞いてもらったからこそ、「がんばりたい」という気持ちがますます表に出てきたのですね。

そこで次には、「でも、やってみようね」と前向きに寄り添って励ますことで、本来の欲求を実現していくことができるわけです。

次の日の朝、ママはイルカちゃんとひとつ約束をしました。

「今日は泣いてもいいから、プールに入ろうね。ママはちゃんと見てるから、途中で出てきたらいけないよ。がんばろうね。ママは応援してるからね」

イルカちゃんはしぶしぶ承知して、泣きながらコーチに抱かれてプールに入りました。最初は「出るー」と泣いていたものの、コーチに励まされて何とかみんなと同じメニューをこなすようになり、そのうちママと目が合うと思い出したように泣く程度になり、結局一度も水から上がらずに終えることができました。

プールから上がってきたイルカちゃんは、もう泣くことはなく、それはそれは誇らしげでした。

その四日間が終わってから、普段の生活の中でイルカちゃんの口から「ありがと」や「ごめんね」が自然に出るようになりました。そして、気持ちの表現がストレートになったために、ためずによく泣くようにもなりました。そんなとき、ママが「おいで」と言うと、素直に抱かれて泣けるようにさえなったのです。

こんなふうに、「もっとおにいさん・おねえさんになりたい」「でも、できないかもしれない」という葛藤を、泣くことで克服していくことがよくあるのです。

だから、「泣かずにがんばれ」ではなく、「泣いてもがんばる」子どもを支えたいですね。そうしてあげると、子どもの生きる力はグングン伸びていくことでしょう。

子どもには「泣ける場所」が必要

お母さんになら甘えられる

子どもが泣くことにはいろいろな大切な意味があり、それを自然に受け入れて付き合えば子育てがこんなにもラクになる、ということがおわかりいただけましたか。

子どもが泣くのは、お母さんを責めているからではありません。世界中の誰よりも頼りにしているお母さんだから、必要なときには、泣いて甘える。

友だちに叩かれたと言って泣き、注射が痛かったと言って泣く。

「電信柱が高いのも、郵便ポストが赤いのも、みんなお母さんがいけないいんだ」

といった調子で泣くのですが、それは、お母さんを責めているわけではなく、お母さんを困らせようとしているわけでもありません。ただ、お母さんを頼りにして、しあわせに育っていきたいだけ。

お母さんの前だから安心して泣ける。お母さんの前では泣いても恥ずかしくない。お母さんになら、どんな気持ちでもぶつけられる。

つらいことがあっても、お母さんに気持ちを抱きしめてもらいさえすれば、自分で答えを見つけられる。

自分の思い通りにならないときでも、泣いて未練を断ち切って、自制心を身につけて成長していくことができる。

家に帰れば、お母さんに泣いて甘えられる。だから、いま家の外では一生懸命にがんばる。

泣きたくなってしまうほどの出来事にぶつかったときは、実は成長のチャンスなのです。だから、子どもが安心して、泣いて甘えられる場を、お母さんの腕と、胸と、膝と、つまりは体と心の全部を使って、いつでも用意しておいてあげてくださいね。

心の「袋」を大きくひらいて

幼稚園に行っている坊やが初めて、「お母さんなんか嫌い！」と言ってくれた、とうれしそうに知らせてきてくれたお母さんがいます。いままで、「大スキ」とは何度も言ってくれていたのですが、「嫌い」を言ったのは初めてで、何だか一歩前進したような気がしました、とのこと。

それまでは、お母さんはボクのどんな気持ちでも、どんなことばでも受け止めてくれるのか、ボクが嫌いと言ったら真に受けてしまうのではないか、とちょっぴり不安があったようなのです。

もちろん、「嫌い」と言われたあとで、「お母さんを嫌いなんて言うやつは逮捕する！」と抱きしめました。

とお母さん。母と子のうれしそうな取っ組み合いの様子が目に見えるようでした。

子どもが泣いているとき、こちらが「早く泣きやんでくれないかなあ」などと思っていると、子どもは満足できないので、かえってよけいに泣き続けます。

実際、赤ちゃんを対象とした講座のあとで、あるお母さんが、
「赤ちゃんが泣くということについての私の認識が変わったら、不思議なことに、ただそれだけで、子どもがあまり泣かなくなりました」

と知らせてくれました。

そう、そう、よく母親のことを「おふくろ」といいますよね。泣いている子どもを抱きしめたら、大きな包容力のある心の袋をいっぱいにひらいて、泣きたい気持ちを吸い取ってあげましょう。

にこやかに。
おおらかに。
しなやかに。

子どもの「泣き」をゆったりと受け入れるコツ

「泣いてもいいよ」のメッセージ

子どもが泣くのは、お母さんを責めているのでもなければ、嫌っているのでもない。

「これまでは子どもに泣かれると、自分の育て方がどこか間違っていたからだ、とつい自分を責めていました」

と話してくれるお母さんがよくいますが、そうではなく、ひたすらお母さんを頼りにしているだけのこと。

だから、自分を責めるどころか、親として頼られ、甘えられているのだと思ってください。堂々と胸を張って、にこやかに。

泣いている子どもににこやかな笑顔を向けることは、

「泣いていいんだよ」

「泣いてもかわいいよ」

といったメッセージを送ることになります。

もしも、子どもの泣き声を聞いて苦しくなったら、その自分の気持ちにも、

「泣き声を聞くと苦しくなるね、無理もないよ」

とほほえみかけてみてください。そうすることで、苦しい気持ちを包み込んでくれる大きな自分の存在を感じることができます。

子どものときにもっと甘えて泣きたかった自分を我が子に重ね合わせて、

「幼いお母さんの分まで泣いておくれ」

という気持ちになるのもいいですね。

また、子どもの泣きたい気持ちに共感しすぎて、こちらまで切なくなってしまうと、子どもとしてはかえって訴えにくくなってしまいます。

だから、

「だいじょうぶ、だいじょうぶ、いまに何とかなるからね」

という気持ちで、おおらかに。

ときには子どものほうが、

「聞いてくれなくてもいい。ほっといてよ」

とばかりに、身をよじって離れようとすることもありますから、そんなふうにすねたくなっている子どもの気持ちに共感しながらも、

「ほっといてと言うけど、ほっとかないでね」

という本心があることに思いをはせて、お母さんの腕と胸と膝で包み込む「甘えスペース」から子どもを離してしまわずに、しなやかに。

子どもの泣き声がつらいときは

でも、「家ではおばあちゃんが泣くなと言うので……」と、あるお母さん。

それはやりにくいですね。たぶん、おばあちゃんに向かって、子どもが泣くのにはこれこれこういう意味があって、などと説明を始めてもラチがあかない

でしょう。

それよりは、子どもがどこか痛くて泣いているようなときにヨシヨシするほうが、おばあちゃんも納得しやすいはず。そんなとき少しオーバーに、長めにヨシヨシしたらいいのです。そんな工夫もしてみてくださいね。

また、アパートなのでまわりに気兼ねして、というあるお母さん。世のおとなたちが子どもの泣き声をおおらかに、ほほえましく聞いていてくれるといいのですが、おとな自身が苦しい気持ちにフタをして生きていると、よその子どもの泣き声でさえ聞いていられなくなってしまいます。

子どもが泣き下手になっていると、いったん泣き出すと延々と泣き続けるし、泣き方も、はたで聞いていていかにも苦しい泣き声になります。「泣き上手」な子どもは、泣きやむまでの時間が短いし、泣き方も穏やかです。

車の中を利用するとか、公園をひと回りしながら泣かせるとか、その気になればいろいろ工夫できるでしょう。

同じアパートに、ほかに泣く子はいないのですかと聞いたら、そのお母さん、

「うるさく泣く子がいます。だから、うちの子も、あんなふうにうるさく泣かせてはいけないと思って……」

あれれ、結局アパートで一番泣き声に弱いのはあなただったりして、と最後は笑い話になりました。

お母さん自身が苦しくてたまらない、子どもの泣きたい気持ちを吸い取る余地がお母さんの心の中にほとんどない、というようなときには、「苦しいのはぼくよりもママでしょ」「私が泣いている場合じゃないわ」と言わんばかりに、子どもの泣き声が苦しくなってしまうこともあります。

そんなときには、どうしたら自分の心の中に、ゆとりを広げていくことができるか思案してみてくださいね。

まずは、遊びや笑いを活用するのも一案です。

あるお母さんの場合、自分の生い立ちの中で抱えてきた苦しい気持ちが、いよいよ耐え切れないほどになってきたころ、一歳の坊やが心配のあまりお母さんをかむという形で気持ちを表現してきました。

かみたいほどの苦しい気持ちをお母さんが受け止めてあげようとしても、坊やはラクに泣くことができません。かえって苦しそうに、泣くに泣けない様子を見せます。そこでお母さんは、イタイイタイごっこをして遊びました。「ママの腕をかむと痛いからいや」と言うとよけいにやるので、「これ、アンパンじゃないからかめないよ」と笑って返すと、坊やも大笑いして、その晩は夜泣きせずにすやすや寝てくれたそうです。

第2章

どうして、泣かれるとつらくなるんだろう?

「泣かせない子育て」が広まった理由

泣くことは大切とわかっていても

「泣き上手」になるのが甘え上手の原点ですよといわれても、いざ我が子の泣き声を聞くとやっぱりつらくなりますよね。

先日、泣きたいときには泣いていいんだ、とひとまず頭で納得してくださったお母さんに、抱いている一歳半の子どもが三分ほど泣いたところで、「どれくらい泣き続けたと思います？」と聞いたら、「一五、六分？」という答えが返ってきました。たった三分でも、そんなにも長く感じてしまうのですね。

でも、親が子どもの、とりわけ赤ちゃんの泣き声を聞いても、少しもつらくならず、平気でいたとしたら、それこそ大変。

赤ちゃんが「おなかがすいたよ」と懸命に訴えて泣いていても、お母さんが平気な顔で聞き流していたら、赤ちゃんは困ってしまいますよね。

ですから、赤ちゃんの泣き声が自分の胸に強く響いて、「早く何とかしてあげなくては」という気持ちに駆り立てられるのは、母親として当たり前のこと。

そのおかげで、赤ちゃんの切実な願いが親に届き、大切な欲求を満たしてもらえるので、自分では何ひとつできない無力な赤ちゃんも心おきなく育っていくことができるわけです。

そうして泣いて味わう「有能感」こそ、子どもの存在感がはぐくまれていく最初の土台になる、と考えている学者もいます。

そうはいっても、子どもの成長とともに、緊急に何とかしてあげなくてはいけない泣き声と、少しゆとりを持って聞いていてもよい泣き声、あるいは、おおらかにヨシヨシすることで感情発散を助けたらいい泣き声、ほほえましく聞いていられる泣き声、といった違いがはっきりしてくるはずなのに、とにもかくにも子どもの泣き声を聞くとどうにもつらくなってしまうのだとしたら、親の側に何かもっと深い事情がありそうです。

お母さんがいま現在、ひどく忙しくてゆとりがなかったり、子育てに悩んでいたり、夫婦や嫁姑や職場の人間関係などで深刻な悩みを抱えていたりすれば、もちろん子どもの泣き声を聞いていられなくなりますね。泣きたいのはこっちのほうよ、と言いたくなるはずです。

でも、そんな状況ではなくても、お母さんの心のもっと奥深いところ、つまり、幼いころからずっと引きずっている心の傷の部分に、我が子の泣き声が響いてしまう場合は、子どもが泣くことの大切さをいくら頭でわかっていても、どうしてもつらくなってしまうことがあります。

それはなぜ?

その答えを見つけるには、いまの若いお父さん・お母さんたちの生い立ちを振り返ってみなくてはなりません。

それも、個人的な生い立ちがどうだったかというよりは、世の中全体の風潮がどう変わってきたか、を歴史的に振り返ってみる必要があります。

すると、若い親であるあなたよりもひとつ前の世代、つまり、あなたのご両親が生まれ育ったころから日本中の家庭に広まってきた、「泣かせない子育て」にぶつかります。

「泣いてはいられない時代」の子育て

「泣かせない子育て」とは、近代社会特有の子育てです。人類何百万年の歴史から見れば、ほんの最近、人類の歴史を一日に圧縮して計算すればほんの数秒にしかならない、出来立てほやほやの出来事です。

でも、その短い数十年の歴史の中で生まれ育った私たちにしてみれば、もうずっと昔からそうだったように思えてしまいますよね。

近代社会とは、個人主義の社会。個人と個人が孤立して競い合う社会です。

近代社会の幕あけとなった一八世紀のフランス革命が掲げた自由・平等・博愛はそのまま、フランスだけでなくすべての近代社会のスローガンだったはずですが、それから二世紀あまりを経て、「自由」は行き着くところまでいって、もう自由の喜びを感じられないほどに激しい「競争」へと姿を変えてきました。

きょうだいのように、親しい友だちのように連帯して支え合うことを意味していたはずの「博愛」は、いまではすっかり形骸《けいがい》化して、他人にはうかうかと心を許すわけにはいかないという、不安と不信に満ちた「孤立」へと変質してしまいました。

こうした世の中では、うかつに他人に自分をさらけ出すわけにはいかず、弱音を吐いたり泣いたりがままならなくなります。

日本が近代社会の仲間入りをしたのは、欧米よりはだいぶ遅れて明治になってからですが、経済や政治の仕組みが近代化しても、一般庶民の意識はまだまだ、素朴な暮らしの時代のままでした。

ところが、満州事変から第二次世界大戦終結までの、いわゆる「一五年戦争」に突入して戦時色が一気に強まった昭和一〇年前後になってから、「泣いたら負け、歯を食いしばってがんばれ」といった風潮が強くなりました。戦死者の遺族は「お国のために死んだのだから、喜べ」とさえ言われていたほどですから、もちろん泣くどころではなかったのです。

戦後は、会社と会社、個人と個人の競争がいよいよ激しくなってきた高度経済成長期を通じて、「泣いてはいられない」おとなの暮らしが本格化しました。

誰もが心にカギを掛けている

昔は家にカギなど掛けなくても安心して暮らせたのですが、いまでは家にカギを掛けるのは当たり前どころか、カギを掛けても巧妙な手口でカギをあけてしまう空き巣狙いに用心しなければなりません。

そのために、うっかり心を許したら大変、という警戒心が働くので、心にもカギを掛けて暮らす時世になりました。

村住みの塀さへ鍵さへなきくらし出来ぬ時世か心にも鍵

という築地《ついじ》正子さんの短歌（『自分さがし』砂子屋書房刊より）のままの時世に。

最初は、他人に対して気持ちを見せないようにと心にカギを掛けていたはずなのに、いつしかそのカギが自分にも掛かってしまって、ほかならぬ自分でさえ自分の心が見えにくくなっている、というのが私たちの現実ではないでしょうか。

心のカギといえば、子どもがなぜか泣き下手になってしまって、とても寂しそうで、という相談にいらっしゃったお母さんと、こんなやりとりをしたことがあります。

「私は小学生のとき、カギっ子だったんです。誰もいない家に帰るのはすごく寂しかった。ですから、我が子にはあんな寂しい思いはさせまいと思って、仕事には出ないで、子どもが求めることはなるべく満たしてあげて、かわいがって育ててきたつもりです。それなのにやっぱり、私と同じように寂しそうで……」

私はいたずらっぽく、

「あなたはカギっ子だったのでしょう?」

と言いました。お母さんはけげんな顔をしました。

(いま私の口からカギっ子だったと言ったでしょうに)

と思ったかもしれません。

そこで、

「心にカギを掛けて、自分の親に、『学校から帰ってきて、誰もいない家に入るのはさびしいよー』とは甘えなかったでしょう?」

と付け加えました。もしそんなふうに自分の思いを伝えて、その思いをしっかり受け止めてもらえたとしたら、カギっ子として味わっていた寂しさはまた違っていたかもしれないのです。

「甘えなかった、甘えられなかった。だって……」

「心にカギを掛けていたのでしょう?」

「え、ええ……」

「カギっ子だったのが寂しかったのではなくて、カギっ子の寂しさを親に聞いてもらわずに、ひとり耐えていたのが寂しかったのでしょう?」

「ああ、そうか」

私たちは、現実にカギっ子だったかどうかにかかわりなく、一億総カギっ子になってきているのではないでしょうか。

感じる力を奪う「泣いてはダメ」のメッセージ

泣きたいときに泣けなかった心の傷

泣いてなどいられないおとなの暮らしが、子育てに反映したものが「泣かせない子育て」です。「泣かせない子育て」とは、具体的には、

① 子どもが泣くと、叱って泣きやませる
② 子どもが泣きやむまで放っておく
③ 何かほかの楽しいことで、子どもの泣きたい気持ちをまぎらす
④ 泣くと親が苦しむのを知って、子どもが自分から泣きやむ

⑤　子どもが親のことを心配して、自分が泣くどころではなくなる

といった仕方で、親が子どもを泣かせないようにする（あるいは子どものほうから泣かなくなる）子育てのことです。

「泣かせない子育て」？

初めて耳にする人が多いはず。なぜって、これは、ここ数十年をかけて、誰もがそうしようとははっきり意識しないまま、じわじわと広まってきた子育てだからです。

海にいる魚にとって一番気づきにくいのは、自分が水の中にすんでいるという事実だとか。つまり、生まれたときからずっと、当たり前のように慣れ親しんでいることには、かえって気づきにくいのです。

一五年戦争のさなか、昭和一二年に生まれた私は、まさに「泣かせない子育て」を受けた第一世代です。

「泣いたら負け」「男のくせに泣くな」としつけられた私と同じ世代が、戦後おとなになり、親になって、我が子の泣き声を聞くと、泣きたいとき心ゆくまで泣けなかった心の古傷がうずいて、居ても立ってもいられなくなります。

そこで、ついつい、子どもを泣かせないように育ててしまったのです。

こうして「泣かせない子育て」を受けた第二世代である若いお父さん・お母さんたちは、第三世代となる我が子に対して、ますます拡大再生産する形で、「泣かせない子育て」を繰り返してきたのでしょう。

誰から言われたわけでもないのに、あたかも子育てのレパートリーにそれしかないかのように、ほとんど無意識のうちに……。

子育てでは、たとえ「ああはしたくない」とは思っても、「こうすればいい」という方法が見えにくいため、表層的なレベルでは変えることができても、結局は、自分が育てられたやり方を繰り返してしまう、ということになりやすいのでしょう。

自分はカギっ子で寂しかったから、我が子はカギっ子にしないで育てることにした、というのは表層的なレベルでの変更。「泣かせない子育て」は、それとは気づかれないまま、深層の部分で引き継がれているのです。

泣くことを禁じられると……

「泣くこと」を禁じることとは、「感じること」を禁じること。でも、感じることとは心の原動力。「感じる力」がなければ「生きる力」は育ちません。

高度経済成長のまっただ中、「感情よりも勘定」という風潮がますます強くなっていった一九六〇年代に、世界的な数学者でありながら、子どもの情緒を育てることがどんなに大切であるかを切々と説いた、岡潔《おかきよし》という先生がいました。

その著書『風蘭《ふうらん》』の中に、私にとって、いまなお忘れられない話が紹介されていました。

当時人気のあった連続テレビドラマのある場面で、ドクター・キルディアという主人公の医師が、重い脳損傷を受けた患者を前に、

「この患者にはまだ感情が残っているから、やがて考えることができるようになるだろう」

と言ったそうなのです。ドラマの世界で語られたことではありますが、語られている事柄はまぎれもない真実です。

まず豊かな「感じる力」があってこそ、生きる喜びや意欲があらわれます。親子のきずなや存在感がはぐくまれて、人格形成の土台がしっかりと築かれます。そして、その土台に、思考や、学習や、しつけや、社会性……といった上部構造が積み重ねられていきます。

でも、親が「泣いてはダメ」というメッセージを送ると、子どもは親を悲しませないために、心に歯止めを掛け、感情にフタをします。泣いて感情を伝えることも解き放つこともやめてしまいます。

しかも、そうやって心に歯止めが掛かってしまうと、それがすっかり身について、自分からは歯止めが外せなくなってしまい、心ならずも「ほっといて」という、すねたポーズを見せるようになるのです。

お母さんにゆったり身をまかせることができなくなったりもして、お母さんからすれば、何となくしっくりこない、という焦燥感を味わうことになります。

「つい、ほっといて、と言ってしまうんだよ。でも、ほっとかないでね」

というのが本心なのですが、その本心は見えにくく、見せかけの拒否だけが表にあらわれるので、親としてはついまどわされてしまいます。

とかくするうちに、甘え下手になった子どもは苦しくなって、夜泣きを始めたり、元気がなくなったり、聞き分けが悪くなったり、落ち着かなくなったり……といった悲鳴を上げるようになります。

その悲鳴が悲鳴として親に届けば、それもまた遠回りのやり方でしか表現できない、その子なりの甘えということになるのですが……。

「泣かれるとつらい」から泣かせない

泣かせていないつもりじゃないのに

ある講演のあとで、二歳の坊やが横になっておむつを替えさせてくれないので、子どもが立って歩いているところを追いかけるようにしておむつをはかせている、それに、よく夜泣きをする、という相談がありました。

「昼に十分泣けなかったから夜泣きをする、ということがよくありますよ」

「昼はきげんがよく、むずかることがありません。今日の講演で『泣かせない子育て』のことを聞きましたが、私が泣かせないようにしている、ということはないはずです」

「どうしてお子さんを寝かせておむつを替えないのですか?」

「寝かせるといやがって起き上がるので」

「起き上がるのを止めておむつを替えたらどうなりますか？」

「……とにかくいやがるので」

「じゃ、やってみましょうか」

という話になって、坊やを横にしてもらいました。起き上がろうとする肩を、私がやさしく、しかし、しっかりと押さえました。

坊やはしばらくは泣かずに、でも、いまにも泣き出したくてたまらないような顔つきをしたまま、起き上がろうともがいているうちに、ようやく泣き出しました。

とりあえず、お母さんに坊やを抱き上げてもらって、ヨシヨシしてもらいました。気持ちが落ち着きやすい縦抱きにすると、坊やはすぐに泣きやみました。

「あら。やっぱり私が泣かせないようにしていたのですね」

と、お母さんは笑顔で納得してくれました。

「いまは一〇秒ほど横になってもらいましたね。次は一五秒ほど、次は二〇秒……というようにして、少しずつ泣けるようにしていったら、泣き声を聞いてつらくなるお母さんにも無理がないと思いますよ」

「わかりました。そうしてみます」

少しずつ泣けるようにしていったらいいと助言したわけは、泣き下手になっている子どもは（そして親も）、

> 泣いて甘える↓欲求を満たす・ヨシヨシする↓満足して泣きやむ

というやりとりに慣れていない「泣きやみ下手・泣きやませ上手」でもあるので、一気に泣くことへの歯止めを外してしまうと、どう泣きやんで落ち着いたらいいかとまどうことがあるからです。

つい言いなりになってしまう

別の講演のあとで、夜泣きをするという三歳のお嬢ちゃんのママが、

「うちは、昼間もよく泣きます。それなのに、夜泣きをするんですよ。だから、昼に泣き足りていないせいではないですよね」

という相談にみえました。

「普段、聞き分けに困ることがありますか？」

「いいえ、特に困ることは」

私はお嬢ちゃんに床に寝てもらって、体操をさせてもらうことにしました。

「横になってもらうわけをよく話して、納得してもらってくださいね」

ママはそれからしばらく、やさしく言い聞かせていましたが、お嬢ちゃんはウンとは言いません。

「よく話したら、あとは泣きながらでも納得してもらったらいいのですよ」

ママは意を決して、お嬢ちゃんを横に寝かせました。お嬢ちゃんは泣きながらも起き上がろうとせずに、そのまま素直に横になり続け、体操をさせてくれました。

「こんなふうに、泣かれてしまうとママがひるんでしまって、ママがしてほしいことでも途中でやめてしまうことはありませんか」

「あります、あります。昼間何かにつけて泣くので、つい子どもの好きなようにさせてしまいます」

とすぐに納得してくれました。

親が子どもの言いなりになってすんでいれば「聞き分けに困る」ことにはなりませんよね。でも、それでは子どもの自立心は満足しませんし、欲求が満たされない葛藤を乗り越えるプロセスを通じてたっぷり甘え泣きをするチャンスを失うことになります。

このお子さんが昼間よく泣くというのは、聞き分けさせようとする親をあしらうための、泣き落としのようなものだったのですね。

では、このお母さんがなぜ聞き分けをめぐる葛藤を乗り越えることができなかったかといえば、やっぱり泣かれることに弱かったからなのです。

このお母さんにかぎらず、頭では泣かせないようにしているというつもりはなく、それどころか、泣きたいときは泣いていいとさえ納得していても、無意識の深いところで、「泣かれるとつらい」気持ちが根強く子育てを支配している、ということがよくあるのです。

話を聞いたり本を読んだりして「なるほど、そうだ」と納得する知性と、いざ我が子の泣き声を聞いてひるんでしまう感情とでは、しばしば判断や態度が食い違います。

どっちが強力か、ですって?

もちろん、感情のほうが強力です。でも、知性も無力ではありませんから、自分たち親子が直面している問題を通して具体的に突き詰めていくと、知性による説得を感情が受け入れて納得することになります。

原因を探すより大切なこと

子どもはただ泣きたいだけ

三歳の娘アヤメちゃんが大泣きやダダこねをするのだが、それは心の奥深くに苦しさや悲しみがたくさんあるからではないか、という相談のお便りをいただきました。

三年保育で幼稚園に入ったものの、園で昼食は食べないし、トイレにも行きません。我慢できずもらしてしまったことも四〜五回あります。転んだり砂をかけられても、泣かないで変に我慢してしまうことが多いようです。

ときどき抱きしめて、

「みんなと食べるのが不安なんだね。初めての幼稚園で、まだみんなと一緒に食べる自信がないんだね。でも、トマトやスイカを食べられたことがあるんだもの、だんだん食べられるようになるからだいじょうぶだよ」

と言うのですが、まったく食べられない状態が続いています。

それと、入園前からなのですが、朝起きて私がいないと泣き叫び、大暴れして私を呼びます。最初はすぐに行って抱っこしていたのですが、「一緒に寝てね」としつこく言い、「朝ごはんの準備があるから台所にいるよ。安心してね」と声をかけても不安なようで、離れようとすると大泣きして抱きついてきます。

何かあるごとに、「ママがいなくなる、ママがいなくなる」と泣き叫びます。

いま私は妊娠中で、切迫流産で一週間入院したことがあります。そのときは娘を祖父母の家で預かってもらったのですが、とても聞き分けがよく、おりこうにしていたそうです。入院する前にわけをきちんと話し、娘も泣いてはいましたが、頭では何となく理解してくれていたようです。

でも、退院してから間もなく朝の大泣きが始まった気がします。

「ママが入院していたとき寂しかったんだね。おりこうにしていたけど、ママがいなくて我慢して大変だったね。赤ちゃんが産まれるときにまた入院するけど、入院前にはちゃんとお話しして、産まれたらアヤメちゃんのところに帰ってくるよ。黙っていなくなったりしないから安心してね」

となぐさめても朝の大泣きは変わらず、私も朝の忙しい時間にイライラしてしまいます。

朝の大泣きが始まったころから（だと思いますが）ダダこねがひどくなり、何ごとにも「いやだ」と言って反抗的な態度が続いています。

何でも変に我慢したり遠慮してしまう半面、素直じゃない素振りや言動を見せる娘の心の奥深くには、私にも気づかない苦しさや悲しみがたくさんあるような気がします。

アヤメちゃんの気持ちを大切にするやさしいお母さんだということが、文面から伝わってきます。

でも、子どもが大泣きやダダこねという形で甘えようとしているだけなのを、ただヨシヨシと受け止めてやれなくて、根深い苦しさや悲しみがあるせいだと思い過ごして原因探しに気持ちがいってしまうのは、たんにお母さんのやさしさからというだけでなく、「泣かせない子育て」を受けて育ったお母さん自身の古傷がうずくためかもしれませんね。

泣きたい気持ちをわかってあげるだけでいい

そんな返事を差し上げると、

大泣きやダダこねは子どもにとってとても必要で、よいことなんですね。目からウロコです。

幼稚園から帰ったあとの娘はいつも不きげんで特にダダこねがひどく、空腹と眠さと疲れのせいだと思いながらも、イライラして付き合っていました。

初めての集団生活でたくさんのストレスを感じ、身がもたなくて、発散させていたんですね。

私の心の中に、次の子が産まれてからも毎朝大泣きとダダこねがひどい状態が続いたらどうなるのだろう……という思いがあり、いまのうちに娘を自立させなきゃと突き放そうとしていたのだと思います。

でも、突き放そうとすればするほど、かえって甘えたり離れなくなったりして逆効果なんですね。あまり先のことは気にせず、いまは何より安心して過ごせるような甘えられる環境にしてあげたいと思いました。


と、すぐにわかってくださいました。

妊娠中ですから、大泣きやダダこねとまともに向き合うのは無理にしても、お子さんは気持ちをわかってもらうだけでもうれしかったことでしょう。

子どもを自立させようとするあまりかえって依存を強めてしまう、というのも、よくある子育ての落とし穴のひとつですね。

家ではできるだけ甘えさせて、たくさん抱きしめてあげようと思えたせいか、今日は私もいつもよりおおらかな気持ちで娘と向き合えたように思います。遠慮がちにうれしそうに何回も抱きついてくる娘がとてもいとおしかったです。

これまでも甘えたかったのに、もしかしたらお腹の赤ちゃんを気にして遠慮していたのかなと感じました。

しばらくすると、園での食事やトイレの心配もなくなりました。先生いわく、「遊ぶ顔つきが変わってきた」そうです。

「泣かない子ども」の心のカラクリ

甘え泣きで元気をもらう

次は、もともと泣かない子どもだったので、「泣かせない子育て」をしてきたどころではない、という例を紹介しましょう。

来年は幼稚園なのに、公園でも友だちと遊ばずにママべったり、友だちが体に触れただけでもいやがる、というダリアちゃん。相談室に来たときも、おもちゃには見向きもせず、おとなしくママに抱かれたままです。

「無理やり押し出そうとしないで、安心感がふくらんでくると、自分からママを振り切るようにして友だちの世界へ出て行く、と考えたらいいかもしれませんよ」

と一般論を話すと、ママは、

「私が不安を与えてしまったのかしら」

と、自分を責めるような表情を見せました。

そういうことではないんですけどね。子育てに行き詰まると、どうしても自分が親として至らないからだ、と自分を責めがちですよね。

でも、私たち親の多くは、ほとんど準備が整わないままいきなり子育てに取り組まなくてはならないのです。すぐにうまくいかないからといって、がっかりしないで。自分を責めないで。

私が不安を与えてしまったのかしら、とママがおっしゃったのにはわけがありました。仕事をしているので、週に三日は実家に預けているそうなのです。

「ママと離れるとき、お子さんは泣きますか？」

「いいえ、あっさり離れてくれます。でも、毎週通っている音楽教室では母子分離のせいか、もう着く前から泣いています。もちろん着いてからは泣き別れです」

「別れてからはどうですか？」

「けっこう楽しんでやっているようです」

「甘え泣きをして、ママから離れる元気をもらって、そのおかげで音楽教室を楽しめているんじゃないですか」

（えっ、甘え泣き？　私から離れる元気？）

と、ママは首をかしげました。そういうふうには、思ってもみなかったようです。

しばらくしてから、ママは言いました。

「それじゃ、子どもが泣きたいときには泣かせてもいいんですか？」

「そうですよ。だから、実家に預けることで、ママがダリアちゃんを不安にさせている、と思うことはないですよ。ママが働きに出るわけを話して、協力をお願いすればだいじょうぶ。『おるすばんはさびしいよ』というグチを聞いてあげさえすれば、ちゃんとがんばってママの仕事を応援してくれますよ」

イヤイヤ、だけど、うれしい！

でも、ダリアちゃんが泣くのは唯一音楽教室に通うときだけで、普段はめったに泣かないそうです。

その代わりに、日に何回かは哺乳びんでミルクを飲みます。コップではいやがりますし、中身も水やジュースではダメです。甘え泣きをしたい気持ちを、哺乳びんでまぎらしているのかな、と思いました。

「泣かせないように育ててきましたか？」

「いいえ、泣かせないというより、うちの子は泣かないんですよ」

というママの返事です。

そこで私は、友だちが体に触れただけでもいやがる、というダリアちゃんの手を握ってみました。ダリアちゃんは、遠慮しながらも、かすかに振り切ろうとします。

私は、

（イヤイヤしたかったら、していいんだよ）

という思いを込めて、そのかすかな手の動きに付き合いました。そのうちに、イヤイヤの動きがだんだん大きくなり、楽しい遊びのやりとりになりました。

「あれっ？　どうしたの、この子は。阿部先生が手を離さないでいると、いやがりながら、喜んで笑っているよ！」

いやがりながら喜んでいる、とはママにとっては画期的な大発見だったはず。ダリアちゃんが「体に触れないで（＝心に触れないで）」とあしらうことで我慢してしまっている心のカラクリが理解できたのでしょう。

「子どもが泣きたいときには、泣かせてもいいんですね！」

ママが心からそう言ったとたんに、ママの腕の中でダリアちゃんのかわいい甘え泣きが始まりました。

ほら、ね。無意識のうちにしてきた「泣かせない子育て」が、お母さんの意識とつながった瞬間です。

「泣かせない子育て」という行動パターンは、それほど奥深いところで私たちを支配してきているのです。個々の親が意識的に、「子どもを泣かせないで育てることにしよう」と思い立って始めたことではないのですね。

親に甘えられなかった、泣けなかった

親が子どもを泣かせないようにする、というのはわかりやすいでしょうが、子どもが親の事情を察して、自分から泣かなくなることもあります。
次に紹介するのは、妹は素直にかわいがれるのに、五歳の姉のアザミちゃんのことは、かわいいと思っているのにやさしくしてやれず、グズグズを聞いてあげたり、ヨシヨシしてあげたりができないというお母さんが、面談と面談のあいだに送ってきてくださったお便りです。

先日はまたありがとうございました。いつも先生方とのやりとりには驚きですが、今回もやはり面談から帰ってからの子どもたちの様子の違いに喜んでいます。

あの日も感じたことですが、アザミと私が似ていると言われたときに、「それなら、アザミが私に何か訴えるのは難しいだろう」と思いました。

私は小さいときに、親にほとんど、思っていることを言いませんでした。

そして、そのことを当然と思っていました。両親が当時はいろいろ大変で、私が甘えたい気持ちをマヒさせているしかなかったことは、おとなになってから知りました。

それを知ったからといって、アザミの気持ちを上手に聞いてあげることはまだできませんので、もう少し手助けしてくださいね。


アザミちゃんのお母さん自身が幼いころ、ご両親の大変さを感じて、けなげにもみずから甘え下手になっていたのですね。子どもってほんとに親思いです。

でも、自分自身が存分に甘えられなかった古傷をそのまま引きずっていると、娘の泣き声を聞くたびにその古傷がうずいて聞いていられなくなってしまい、ほとんど無意識のうちに「泣かせない子育て」を続けてしまうのです。

お母さんは数回相談にいらっしゃってから、アザミちゃんや自分自身の二、三歳のころを思い浮かべて、心の中で抱きしめる、という試みを思いつきました。

特に娘が保育園へ行って離れているときにやってみるのですが、そうするとお迎えのときに、いつもよりいとしく思える気がします。その気持ちはあまり長続きしませんけど……。

こうして、お母さんは幼かったころの自分を癒し、すてきな親子の関係を取り戻すことに向けての、第一歩を踏み出したのです。

第3章

泣きたいときに泣ける子どもは強く生きられる

心をひらくカギはどこにある?

カギの掛かった二つの箱

さて、

「いったん心にカギが掛かってしまうと、自分の意志であけようとしてもあかなくなってしまう」

のだとしたら、いったいどうしたらいいのでしょう。合いカギは、どこを探せばいいのでしょう。

お互いに自分では外せないカギが掛かってしまっている親と子、夫と妻、人と人とは、いったいどうやって支え合っていったらいいのでしょう。

その手がかりとなるのが、ミヒャエル・エンデ作『サーカス物語』(岩波書店）に出てくる、次のような難問です。

ぴったりしまった箱が二つあり、
第一の箱の鍵は第二の箱の中に、
第二の箱の鍵は第一の箱の中に入っている。
さあ、どうすれば二つの箱をあけることができるか？

論理的には、二つの箱をあけることは絶対に不可能ですね。

でも、ほら、この問題そのものが、解決のためのヒントを教えてくれているではありませんか。

つまり、自力ではあけられない心の箱のカギをあける合いカギは、ちゃんとお互いの相手の心の中にありますよ、という答えを。

ですから、親と子、夫と妻、人と人とが互いに、愛に満ちて相手に寄り添えば（第一の箱と第二の箱とが親しく触れ合えば）、論理的に不可能なことが、愛の力によって可能になるのです。ときには、私たち援助者（第三の箱）が仲立ちとなって、多少の力を貸すことがあるとしても。

現実には、ぴったりしまった心の箱のカギとは、合いカギを差し込んでパチンと一気に外れるというよりは、たとえば箱根のおみやげで売っている寄木細工のカラクリ秘密箱の仕掛けのようなものです。

カラクリ秘密箱とは、小箱の特定の面や、ある面の一部分、あるいは底板を上下、左右に少しずつ押したり引いたりのスライド操作を繰り返し、最後にフタをあけることができるというパズルの要素を持つ箱で、少ないもので二回、多いものでは五五回ほども動かして、やっとあけられるものもあります。

この箱は縦横にカギの仕組みがめぐらされているのですが、これと同じように、心のカギもそれぞれの心の中で、自分に対して掛かっている（こちらのカギを横カギとします）と同時に、他人に対しても掛かっている（こちらを縦カギとします）のです。

横カギのどこかがちょっとだけ外れると、次には縦カギのどこかがちょっとだけゆるみ、するとそのおかげで、今度はこっちを少しずらすことができて……というようにして、互いに促し合いながら少しずつ外れていく、とイメージしてみてください。

自力ではあけられない横カギは、他人に対する縦カギが姿を変えただけのものですから、自分と他人を隔てる縦カギが外れやすくなれば、それぞれの横カギもおのずと外れやすくなります。

そんなふうに横カギが外れやすくなったところで、めいめいが自分の心の中の、カギの掛かったままの箱をやさしく抱きしめるようにすれば、自分の中の横カギがますます外れやすくなり、その結果として、自分と他人を隔てる縦カギがさらに外れやすくなるのです。

子どもの「泣きたい気持ち」を抱きしめてみる

泣き顔もかわいい！

二歳五か月の女の子、サクラちゃんのお母さんは、

「何とかしてサクラの気持ちを受け止められるようになりたい、でも、泣かれるとつらくなって気持ちを聞いてあげられなくなってしまう」

という葛藤を抱えていました。サクラちゃんの泣いている顔を直視できず、心ここにあらずの状態になってしまうようなのです。


相談室では、最初はサクラちゃんの泣き声を聞くのが一分ほどでつらくなって抱っこを中断していたのですが、このごろは何と一〇分も聞いてあげられるようになっていました。一〇分といえばかなり長い時間ですが、泣き下手だっ

た子どもを「泣き上手」になるように導くプロセスで、そんな長泣きが続くこともあるのです。

そして前回、泣き続けるサクラちゃんをお母さんは初めて、べそをかく甘え泣きになるまで抱き抜きました。サクラちゃんは初めて、お母さんの腕の中でゆったり眠りました。

そのとき、お母さんの幼いころの話が出ました。泣き虫だったお母さんは、泣くと叱られるので、「泣いている自分は悪い子」と、自分を責める自己否定に走ってしまっていたそうです。

だから、サクラちゃんに対しても、私がこうしてしまった、ああはしてあげられなかった、私がこんな母親だからダメ、とすべて自分を責め、そして、その責める気持ちに、サクラちゃんの泣き声がビンビンと響いていたようです。

「そんなに自分を責めてしまうほど、サクラちゃんのことが大事で、大好きなんですね」

と言うと、お母さんは何かを感じたようで、自責の気持ちが少しほどけたのではないか、という気がしました。

はたして今回、相談室に入ってきたサクラちゃんには、それまでと違った落ち着いた感じがありました。不安げで緊張した感じがないのです。

「今日のサクラちゃんは違うねえ、とってもラクそう」

とスタッフが声をかけると、お母さんもそんな手応えを感じていたようで、

「泣き顔がかわいいと思えるようになって、泣いているサクラを抱っこできるようになったんです」

とうれしそうに話してくださいました。前回の相談から、泣き顔を見て心からかわいいと思えるようになったそうです。

「どれ、かわいい泣き顔を見せてね」

と抱っこをしてもらうと、なるほど最初からかわいく甘え泣きをします。お母さんとスタッフで、「泣いている顔もかわいいね」と言いながらヨシヨシしていました。

子どもをヨシヨシ、自分もヨシヨシ

お母さんが心を全開にして受け止めてくれているので、そのうちサクラちゃんは遠慮することなく激しく泣き出しました。すると、お母さんが動揺し始めたように見えました。

スタッフは、無理をしないで少しずつ、と中断を勧めましたが、なぜかそうはしないお母さんがいました。そのうち、お母さんの心の中で何かが起きて、しっかりとした親心が立った感じになりました。

不思議なもので、お母さんが立ち直ると、サクラちゃんはすぐに穏やかな泣き方になりました。

そこで、お母さんに何が起こったのか話してもらいました。

数日前の夜中に、お母さんは突然不安に襲われて目を覚ましました。ノドがひりひりとむしりたくなるほど痛み、虫が這《は》うような感覚が全身に広がって、のたうち回りたいような苦しさが続いたそうです。

苦しさに耐えているうちにうとうとして、目が覚めたときにはおさまっていました。

目覚めてからその苦しさのことを考えていたら、これは幼いときに、わけもわからないことでひどく怒られて、弁解もできず泣くこともできずに耐えていたときの感覚だ、と思い出しました。こんなに苦しかったんだと、幼いころの自分の苦しさがわかった気がして、受け止めてもらえない寂しさや怖さを改めて感じたそうです。

そして今回、サクラちゃんが全身で気持ちを表現してもがき、ノドも詰まらせるような泣き方をしているのを見て、お母さんは最初はいつものように不安になったけれども、その夜の気持ちを思い出して、「サクラも受け止めてほしかったんだね、よし受け止めるぞ」と気持ちが切り替わったのだそうです。

お母さんはサクラちゃんを受け止めてやりながら、幼い自分のこともヨシヨシできたのでしょうね。

お母さんは幼いとき、気持ちを感じないようにすることでつらい場面を切り抜けてきたそうです。親になったいまでも、自分がどう感じているのか、ほんとうはどうしたいのかがなかなか実感できずにいる、とのことでした。

でも、今日の抱っこで実感できたことが、自分を取り戻す出発点になりそうだ、とすてきな笑顔を見せてくれました。

「泣けなくなった歴史」に目を向けて

お母さんと気持ちを分かち合いたい

最近では「トラウマ」という外来語がよく使われるようになって、何歳のときのあの体験のせいで子どもの心が傷ついているのではないか、と心配する人がよくいます。

でも、たとえどんな体験をしたとしても、そのことで傷ついた気持ちを親に訴えて癒されてしまえば、その体験があとに尾を引くことはなくなります。

逆に、訴えて癒されないままに過ごしていると、心の傷はそのまま残ります。

ですから、

「心が傷つくどんな体験をしてきたか」

よりはむしろ、

「どのように甘え下手になってきたか」

を振り返ることのほうが大切です。

カツオちゃんは二歳になったのですが、ほとんどことばを話しません。それにいつも背中を向けてひとりぽつんと遊んでいて、お母さんが呼んでも知らん顔をしているとのことです。家でお母さんが抱っこをしていろいろ話しかけてみるのですが、ダラッと力を抜いて抱かれたまま、そっぽを向いているのでどうしようもない、と相談にいらっしゃいました。

「どれどれ、どんな感じになるのか、お母さんが抱っこしてみて」

と、カツオちゃんを横抱きにしてもらいました。横に抱くのは、このほうが子どもが身も心もまかせた形となり、泣きやすくなるからです。

なるほど、カツオちゃんは何の抵抗もなく抱かれているのですが、リラックスして弛緩《しかん》しているのではなく、何も感じないようにしているかのようでした。顔を別のほうに向け、目も所在なげにそむけているカツオちゃんは、心にしっかりフタをしてしまい、体はそこにいるのに心がどこかへいってしまっている、という感じでした。話しかけても、「こっちを見て」と誘っても、ほとんど反応してくれません。

赤ちゃんのころは結構よく泣いていたというので、いつごろから訴えられなくなったのか探っていきました。

お母さんのつらさが極限に達したのは、ここ半年くらいのこと。そのつらさの原因となっている事柄は、カツオちゃんがお腹にいるときから始まったことで、それ以来ずっと続いてはいたのですが、半年ほど前に、あることがきっかけでひどくつらくなったそうです。

カツオちゃんはお母さんがつらい思いをしていることを察して、それ以上つらくさせないように、甘えたい気持ちをひとりで抱えているようでした。

でも、そもそもはお母さんこそがつらい気持ちをひとりで抱えて苦しんでいたので、カツオちゃんとしてはお母さんと気持ちを分かち合おうにも取り付く島がなかった、と言ったほうが当たっているかもしれません。

お母さんにしてみたら、こんな幼い我が子に心配をかけてはいけないという親心からだったのでしょうが、でも、親子で心をひとつにできないことほど子どもにとってつらいことはないのだ、ということに気づいてくれました。

心をひらく怖さと向き合う

よく、子どものころ母親からいつもグチをこぼされるのがいやだったので、自分が親になったら絶対子どもにはグチをこぼさない、とおっしゃるお母さんがいるのですが、グチのこぼし方にも「コツ」というものがあるのです。

こぼすまい、こぼすまいと思いながら、耐え切れずにこぼすグチというのは、聞く側にとっては聞き苦しいものです。

そうではなく、「さあ、聞いてもらうぞ」とばかりにおおらかな気持ちでグチをこぼして、

「おかげで、だいぶ気持ちがラクになったわ。ありがとう」

と、笑顔を見せて終わればいいのです。

さて、カツオちゃんのお母さんは、それからは「お母さんは、いまとても悲しいの」とカツオちゃんを抱っこして泣いたり、「どうにもならないことがあって、つらくてたまらないんだ」とイライラする気持ちを聞いてもらったり、カツオちゃんと努めて気持ちを共有するように心がけました。

するとカツオちゃんも、少しずつ泣き虫になり甘えん坊になってきました。普段の生活の中では視線もだいぶ合わせるようになったし、お母さんのほうを向いて遊ぶようにもなりました。抱っこをされているときには思い切り怒って泣いて、お母さんに訴えることもできるようになりました。

それでも、なかなかお母さんが安心できるほどにはなりませんでした。

カツオちゃんにかぎらず、ことばが遅いなど発達がゆっくりなお子さんは、極端に自信をなくしている感じを受ける場合が多いのです。

お母さんの育て方がどうこうということではなくて、持って生まれた繊細さ、過敏さのせいなのか、挫折感を持ちやすく、息をひそめて生きている感じがします。怖くてなかなか自分を出せないし、ちょこっと出してみてはやっぱりダメだった、とまた挫折感を深くしてしまいがちです。

ですから相談の場面でも、どうすれば自信を取り戻してもらえるか、という点に配慮した細やかな対応が求められます。

しばらくたったある日の相談で、カツオちゃんはいつものようにお母さんにあれこれなぐさめてもらって、それなりに甘えて泣いて、体はかなり弛緩したのですが、それでもチラチラとしかお母さんと目を合わせません。カツオちゃんが自分を見てくれないことで、お母さんもまた挫折感をぬぐえずにいるようでした。

そこで相談スタッフが代わって抱いて、

「カツオちゃん！」

「カツオちゃんどこかな。カツオちゃんがいないねえ」

「カツオちゃん、ひとりぼっちでいないで、お母さんのところにいてね」

「カツオちゃん……カツオちゃん……」

と、お母さんとスタッフとが一緒になってカツオちゃんの心の奥に呼びかけ続け、カツオちゃんの心の扉を揺さぶりました。

カツオちゃんは心をひらく怖さと向き合ってもだえ、ものすごい怒りを表現して泣きました。そのカツオちゃんをお母さんがしっかり抱きしめて受け止めました。カツオちゃんは自信がないながらも、全力を振り絞ってお母さんを見てくれました。

カツオちゃんとお母さんが深いレベルで出会った瞬間でした。抱きしめているぴったり感が一段と高まって、お母さんとカツオちゃんは一体になっていました。

それからのカツオちゃんはことばもぽつぽつ使うようになってきて、お父さんが帰ってきた車の音を聞いて玄関に飛び出していくようになったり、カツオちゃんのほうからお母さんの手を取って、手遊びの催促をしたりするようになりました。相談の場面だけでなく、日常生活でもだいぶ泣き虫になりました。

何よりうれしいのが、こぼれるような笑顔を見せるようになってきたことです。

自分の「泣きたい気持ち」も抱きしめてみる

「泣かれるとつらい自分」を許してあげよう

子どもの泣き声を聞くと苦しくなる、でも聞いてやらなければ、と理性で納得して、苦しくなる感情にフタをしたままヨシヨシしていると、共感が働きません。

子どもにしてみると、お母さんから、

「あなたが泣くとつらくなる」

「でも、泣いていいよ」

という二重のメッセージを受け取って混乱することになるので、気持ちよく泣くどころではなくなってしまいます。

さて、どうしたらいいのでしょう。

まずは、泣かれるとつらい自分、子どもの泣き声を聞いていられない自分をやさしく抱きしめて、ニコッとほほえみかけてあげたらいいですね。

生い立ちの中で、そういう自分でいるしかなかったのだし、それが現実的なベストの選択だったのですから、けなげにふるまってきた自分をねぎらってあげましょう。

そのうえで、

「でも自分はもう子どもではない。おとなになり、親になったのだから、そろそろ心を許してもいいかな。少しずつ甘え上手に、他人に対してというよりまずは自分に対して甘え上手になっていこうか」

と誘ってみたらどうでしょうか。

気持ちを感じたり、泣いたりすることは、いけないことどころか、むしろ、しあわせに生きていくために大切なことなんだよ、と自分に言い聞かせてもいいですね。

そんなふうに心を決めると、甘え上手になるチャンスはいくらでもやってきますし、いろいろ試してみることもできるでしょう。

たとえば、テレビの番組で悲しい場面を見ているうちに、気持ちが込み上げてきたら、無理に止めないで、涙があふれるがままにしたらいいのです。

親の生い立ちからわかること

子どもが甘え下手になってきた歴史を振り返るだけでなく、お母さん自身も、「私の親もあんなふうに甘えさせ下手だったし、私も甘え下手だった。私が子どもに対して甘えさせ下手だったのも無理ないなあ」

などと、生い立ちを振り返ってみてもいいですね。

ある方は、きょうだいの一番上だったので何かと我慢して育ちました。それに加えて、母親が義父母と同居していたため、つねにイライラしていて、泣くとよく「泣くな！」と怒られたそうです。

おとなになってから、いろいろな本を読み、心の傷を癒す方法をずっと探し続けていました。

それというのも、自分を癒さなくては、自分が母となったとき、子どもにまた同じ傷を受け継がせてしまう、と思ったからです。でも、なかなか根っこの気持ちには触れることができずにいました。

そんなとき、とてもやさしい彼と出会って、初めて思いっ切り泣くことができたそうです。「泣きたいときは泣いていいよ」と生まれて初めて人から言われ、彼に会うたびに抱きしめてもらって泣きに泣いたということです。

それでも、子どもが生まれて泣かれると苦しくなり、「どうして泣いてるの？　何か悲しいことがあったの？」という思いから、すぐに泣きやませようとしていました。そのせいか泣きにくい子どもに育ってしまったようだと気にしていました。

そのお母さんからいただいたお便りです。

阿部先生の本を読んで、「子どもは親思いで、親のことを心配し助けたいと思っている」ということを知り、初めて自分の根っこの気持ちに触れた気がしました。

私は母のことを心配し、助けたいと思っていたんだ、と気づいたのです。「泣くなって怒るから泣けなくなってしまったじゃないの」と母のことを恨み、そのことで心が傷ついていたとばかり思っていましたが、違っていました。私は母を心配していたんです。

私は夜泣きがひどかったそうです。母もつらかったのですね。そう自分に言い聞かせてはいましたが、気持ちは納得できず、「でも、私は悲しかったんだから」という思いがつねにありました。

ちょうどこのことに気づいた次の日、母から電話がありました。私は、「お母さんのことを心配していて、力になりたいと思っていたんだよ」と伝えました。

まだまだこれからですが、一歩先に進むことができました。母との関係も少しずついい方向に変わっていくと思います。

自分の母親に上手に甘えることができましたね。

もしも、「泣くなって怒るから泣けなくなってしまったじゃないの」と責める甘え方をしたとしたら、母親は苦しくなって、その甘えを受け入れることができなかったかもしれません。

ひとたび母親とのあいだを隔てていた壁を乗り越えると、たちまち本来の、「お母さんが大好き」という親思いの気持ちが表に出てくるから不思議です。

お母さんのことが心配で泣きにくくなっていた赤ちゃんも、「私のことを心配して思いっ切り泣けなかったの？」とお母さんが聞いてくれたのがきっかけで、ラクに泣けるようになったそうです。

目標は「泣き上手」になること

日常の中にある「癒しのチャンス」

タラちゃんは一歳になったばかりの男の子。お母さんは「癒しの子育て」のことは私の本を読んで知ってはいましたが、両親と同居していることもあり、泣かないようにと育ててきてしまったそうです。

気がつくと、目が合いにくいし、夜泣きがあるし、気に入らないときは自分の頭を叩くし、奇声を上げたりもするようになっていました。

「いよいよ、『癒しの子育て』だ」と思ってやってみたけれど、そっくり返ってものすごく泣くし、あのことこのこと語りかけてはみても、何のことで泣いているのかわからなくて、いつも二〇〜三〇分泣いて眠ってしまう。でも、気になる様子はあまり改善されないし、これでいいのか不安で、ということで相談にみえました。

相談室に来たタラちゃんは、お母さんから離れずに、抱かれたままあたりを観察していました。しばらくしてお母さんの膝から下りておもちゃのほうに行き、少し離れたところでお母さんを確認しながら遊び始めました。

お母さんがちょっと離れたら、タラちゃんはたちまちウエーンと泣いて、お母さんのところまで這っていき、またしばらく離れなくなりました。

こんな様子はこの時期なら自然なことですが、お母さんは、何か心に不安を抱えているために私から離れられないのでは、という心配をしていました。まわりの同年齢の子どもを見ていると、お母さんから離れて遊べる子が多いそうなのです。

もちろん個人差はありますからそれぞれだとは思いますが、タラちゃんの様子は、この時期のあるべき姿のように感じました。

親と離れられないのは何か不安な気持ちが癒されていないからに違いない、

と考えてしまうのは、「癒しの子育て」になじんだからこそ陥りやすい落とし穴の一つです。

その時期では自然なことと、心に曇りがあってのこととの違いは、見分けるのが難しいかもしれないけれども、ご自身の感性を最大限に働かせて汲み取ってくださいね、とお伝えしました。お母さんは納得して、ひとつ安心してくださいました。

そんな話をお母さんとしていたら、タラちゃんはまた少しお母さんから離れて遊び始めました。そして、たっちしたときによろけて尻もちをつき、ウエーンと泣いてお母さんに助けを求めました。

でも、「癒しの子育て」をしっかり学び取ろうと意気込んでいるお母さんは、スタッフに質問することに夢中で、タラちゃんのほうに気持ちが向きません。ほら、日常のこんなとき、「ヨシヨシ、痛かったね」と気持ちを受け止めていけば、わざわざ「本格的な『癒しの子育て』を」などと意気込む必要はなくなるのですよ。

泣いて甘えてきてくれたときこそチャンス。

もちろん泣いては困るところでは、心ゆくまで受け止められないこともありますが、

「そうはわかっているけどできないこともあるのと、知らずに見過ごしていってしまうのとでは、大きな違いですね」

とお母さんはまた納得。

まずは泣いて甘えることから

でも、「家ではおばあちゃんが泣くなと言うんですよ」とお母さん。それはやりにくいですね。

でもそれならなおのこと、こんなふうに子どもが痛くて泣いているときは、おばあちゃんから見ても「泣いて当たり前」な状況なのですから、こういうときこそ少し長めにヨシヨシするといいですよ。

オッパイをほしがっているときも、抱っこをせがんでいるときも、おむつを

替えたくないとごねているときなどもいいじゃない？

でも、いまここではおばあちゃんに気兼ねなく泣いてもらいましょうね、ということになって、タラちゃんを泣きやすい横抱きにしてもらいました。タラちゃんはちょっと泣かない我慢を覚えかかっていましたから、大泣き、大暴れになりました。

そんなときは身動きできないほどきつくぎゅっと抱きしめないで、子どもが全身でため込んだ気持ちを発散できるように、アコーディオンのように伸縮自在に抱いてあげたらいいのです。

そうはいっても、抱き方がゆるすぎて、子どもの体が膝の上から離れたり、足が床に着いたりしてしまうとかえって頼りなく、心もとなくなってしまいます。甘え下手の苦しい気持ちをお母さんにぬぐい取ってもらいたいかのようにぶつけてくる、子どもの体と心の動きにぴったり寄り添う感じで抱きしめてもらいました。

ものの二〜三分もするとタラちゃんはもがくのをやめて、お母さんに甘えるような、やわらかい泣き方になりました。そこでお母さんに、縦抱きにしてもらい、なおも甘え泣きを続けるタラちゃんをヨシヨシしてもらいました。

「スッキリした？」とタラちゃんに聞くお母さん。

おやおや、ここにも落とし穴が。

甘え泣きが下手になっているわけですから、心ゆくまで泣いてもらって、泣き切ってスッキリする、というところまで求めるのは無理なのです。

むしろ、普段、ことあるごとに、こうして泣いて甘えられるようになってもらうのが最初の目的です。

「だから、目標はスッキリして泣きやむことではなく、『泣きだし上手』になること」

とお話しすると、お母さんはまたひとつ納得してくださいました。

「泣き上手」にしようとあせらない

タラちゃんの場合は、ちょっとすねただけでじきに甘え泣きになったからいいようなものですが、泣き下手な子どもを一気に「泣きだし上手」にしようとあせらないほうがいいですね。

泣き下手な子どもは、なだめられて落ち着くことにも慣れていないわけですから、「泣くに泣けない」状態から一転して「落ち着くに落ち着けない」状態になって、延々と苦しそうに泣き続ける、ということにもなりかねません。

タラちゃんを二~三分で縦抱きにと助言したのは、そんな落とし穴にはまらないようにという意味もありました。

「泣いているときに何をなぐさめていいかわからないのですが」

とお母さんから質問がありました。胎内にいたときのこと、生まれてくるときのこと、生まれてからもいろいろあった「つらかった」と思うことなど、話しかけてみても反応がわからないとのこと。

タラちゃんにとっては、まずは普段甘えて泣けるようになることが一番の願いだと思いますよ、そのときどきのことを受け止めてあげて、気持ちを通い合わせていくうちに、もしもそれだけでは満足できなくなれば、「あのときの話をしてよ」とタラちゃんのほうからせがむような感じがしてきますよ、と話しました。

ところで、気がかりだった様子のことはどうしたらいいですか、とお母さんからの最後の問いかけ。気がかりは、いま話したような付き合い方をしていくと、いつのまにか気にならなくなっていくはずです、とお答えしました。

この日は合い間合い間に、二〜三分の抱っこを四回ほどやっただけでしたが、それでも来たときとは明らかに違う様子が見られました。帰るころにはにこにこ笑顔が全開でしたし、泣きながらも身をまかせておむつ替えをやらせていましたし、目もよく合うようになっていました。

子どものそんな微妙な変化を感じ取っていってね、とお願いすると、「マニュアル世代には難しいわ」とお母さん。なんのなんの、感性は眠っているだけ、子どもが開花させてくれますよ。

とりあえずお母さんが今回学んだことを子育てに生かしてみて、一か月後にまた来ていただくということで、その日は終わりました。

なまじ「癒しの子育て」のことを知ったがための落とし穴もあるので、それを伝えることができてほっとした面談でした。

それにしても、子どものしあわせを願って一生懸命のお母さんの愛情には胸が熱くなりました。親って有り難いですね。その愛情はしっかりお子さんに届いていますよ。お子さんはそれだけでしあわせです。

これからも、落とし穴に落ちることに慎重になりすぎないで、あれこれ試行錯誤を重ねてやってみてくださいね。そして、これでいいのか見通せなくなったら、また相談室に来てくださいね。

子どもの気持ちを受け止めて、聞き分けを導くコツ

手を出さずにはいられない……

甘え上手になれば、いろいろなお願いを子どもから伝えてくれるのですが、逆に、伝えられずにいるお願いをわかってあげることから甘え上手に導くこともできます。

二歳のスモモちゃん、下に赤ちゃんができて、しばらくはかわいがっていたのですが、生後一か月を過ぎたころから赤ちゃんに乱暴をするようになり、目が離せなくなりました。言い聞かせても、叱っても、そのときは「わかった」と言うのですが、すぐまた同じことの繰り返し。

お母さんはイライラして怒ってしまうことが多くなり、このままでは親子の関係が悪くなる、と相談にみえました。

相談室での様子を見ていると、スモモちゃんがおもちゃで遊んでいるときに、赤ちゃんがじゃまをしに行きます。お父さんがうまく取り持っているうちはスモモちゃんも我慢できているのですが、そうはいかなくなると手が出るようです。

遊びをじゃまされたスモモちゃんにとっては無理もないことなのですが、普段は、お母さんから見ると「わけもなく」乱暴することも多いようです。

手を出す「わけ」があってもなくても、まだ小さい赤ちゃんを押したり叩いたりすることは危険ですから、手を出さずにはいられなくなる「気持ち」になっているのだなあとはわかってあげて、でも乱暴はしっかり止めてあげましょう、と話しました。

お母さんとしては、赤ちゃんができたことで、スモモちゃんが何か訴えたいことがあるに違いない、その訴えを聞いてあげたいとのことです。そこで抱っこをすることになりました。

「かわいいかわいいの抱っこをしよう」

とお母さんが呼びますが、「いや」と言ってそのまま遊び続けます。ちょっとすねているようです。

すかさずお母さんは、

「じゃ、赤ちゃんを抱っこしちゃうよ」

相談スタッフはあわてて、

「お母さん、それはまずいよ。そうでなくても、赤ちゃんのことで心を痛めているのだから」

スモモちゃんは面白くなさそうに、持っていた積み木を投げました、といっても、ちゃんと、投げても危なくない方向に軽く、です。

でも、お父さんがすかさず、「何をするんだ、危ないじゃないか、投げてはいけない！」と叱ったので、スモモちゃんは、気持ちが固まって身動きできなくなってしまいました。

いけないことをするときは、助けてほしいとき

「いけない行為は口だけで叱るのではなくて、体で止めてあげたらいいですよ。いけないことだって知っていながら、感情があふれてきてやってしまうのですから、むしろ助けてほしいときなんですよ」

私はそう説明しながら、

「危ないから投げないんだよ」

とスモモちゃんの手をしっかり持って止めました。そこからイヤイヤと身をよじらせてきたので、背中を支えていると、スモモちゃんはかわいく泣き出しました。

「ほら、ね。こうして手を体に添えて付き合ってあげると、表面的なやりとりに終わらずに、もっと深い気持ちに出会えるでしょう？」

泣いているスモモちゃんをお母さんに抱っこしてもらうと、全身でもがきながらイヤイヤをしました。お母さんに体と心を丸ごと抱きしめてもらいながら、

二〇分くらいすねたままもがき続けたでしょうか、ふっと体の力が抜けてスモモちゃんはぴたっとお母さんに抱かれ、お母さんの目をじっと見てなごんでいました。

そのうち、スモモちゃんが「お父さんも来て」と呼ぶので、赤ちゃんをスタッフが預かって、お父さんにそばに来てもらいました。

久しぶりに、お父さんとお母さんとスモモちゃん三人の時間が持てました。お母さんに抱っこされてお父さんをまさぐり、お父さんに抱っこされてお母さんをまさぐり、スモモちゃんはうれしそうに甘えていました。時間にして一五分ほどでした。

赤ちゃんが待ち切れなくなってきたところで、

「スモモちゃんがお父さんとお母さんにいっぱい甘えて、もういいと思ったら、赤ちゃんを呼んであげてね」

と頼むと、スモモちゃんは「うん」と言い、それからじきに「もういいよ」と言うので、お母さんが赤ちゃんにオッパイをあげていると、自分はさっさとお父さんと着替えをして遊び出しました。

帰るときも、いつもは「自分がお母さん、赤ちゃんはお父さん」と譲らなかったのに、あっさりと赤ちゃんにお母さんを譲っていました。

これできっと、本来のやさしいスモモちゃんらしいお姉さんになることでしょう。

泣いて、癒されて、「甘え上手」になる

「甘え下手」を乗り越えるステップ

赤ちゃんが生まれてきたとき、それまで親の愛情を独占していた上の子が動揺することがありますね。そんなとき、

「ワタシよりも赤ちゃんがかわいいの？」

と、不安をことばやしぐさで伝えてくれたり、

「ボク、何だか変な気持ち。泣きたくなっちゃった」

と言って、エーンエーンと泣きついてくれたりしたら、その子は甘え上手としては優等生ですね。

でも、まずそうはいきませんから、赤ちゃん返りをしたり、赤ちゃんにやき

もちをやいたり、ぐずりがちになったり、聞き分けが悪くなったり……と、やや遠回しに伝えるようになる、というのが普通の甘え上手でしょう。

赤ちゃんの誕生をきっかけに甘え下手になってしまった三歳のイチゴちゃんは、次のようなステップを踏んで、本来の「甘える力」を取り戻しました。

① 気むずかしくなる

イチゴちゃんは、赤ちゃんにやきもちをやくでもなく赤ちゃん返りをするでもなく、でも、ちょっと気むずかしい顔つきを見せるようになりました。

お母さんとしては、赤ちゃんが生まれて寂しい思いをさせないように、気をつかって相手をしていたそうですから、イチゴちゃんの様子はちょっと意外だったでしょう。

でも、お母さんの気づかいは、寂しい思いをさせないようにという気づかい（そのことはとても大切なことですが）に片寄っていて、「寂しいよ」という甘えの表現を引き出す気づかいが弱かったのですね。

②　カンシャクを起こすようになる

でもそのうち、気むずかしくしているだけでは気持ちがすまなくなったのでしょう。赤ちゃんが生まれて二か月ほどして、引っ越しをしたのをきっかけに、イチゴちゃんはちょっとしたことでカンシャクを起こして大泣きするようになりました。

何を言ってもおさまらないので、お母さんはだんだんイライラしてきて、ついには叱ってしまう、ということが続きました。

それまでは、こんなふうにカンシャクを起こして泣くことがなかったので、どうしたのだろう、どうしたらいいのだろうと悩んで、私が書いた「癒しの子育て」についての本を読むことになったそうです。

さっそく、カンシャクを起こしたときに上の子を抱っこしてみると、初めて見るくらいのすごい泣き方で大暴れでした。

それでも抱き続けて、いろいろ聞いてみると、「お母さんが怒るのがいや」と言ってきました。下の子のことが原因だとばかり思っていたので、それを聞いてびっくり。

でも、はっと気がつきました。

引っ越しや二人目の育児でぴりぴりしているところへ、上の子がいろいろいたずらしてくると、イライラして叱っていました。

「怒るのがいや」と泣いて訴える娘のことばで思い返してみると、娘は別に悪いことをしようとしたのではなかったのです。ただそうやって遊びたかっただけだったのに、うまくいかずに失敗しただけだったのに……。

そう気がついて、娘にこんなにかわいそうな思いをさせていたのかと思うと、私も涙が出てきて、「ごめんね」と謝って一緒に泣きました。

赤ちゃんのことが原因だと思い込んでいたお母さんは、「怒るのがいや」というイチゴちゃんのほんとうの気持ちに気づけたのがよかった、と思ったよう

ですが、それだけではなく、むしろお母さんが、

「言い分を聞くよ。泣きたい気持ちも聞くよ」

という気持ちになって、甘えを受け止めてくれたこと、そして、イチゴちゃんが伝えてくれた気持ちに共感して一緒に涙を流してくれたことがよかったのでしょうね。

それまで伝えられなかった気持ちをお母さんにわかってもらえて、イチゴちゃんはどんなにかうれしかったことでしょう。親子の気持ちがひとつになった瞬間――。本を読んだだけで試みた「癒しの抱っこ」は、大成功の抱っこになりました。

イチゴちゃんは次の日からしだいに落ち着いてきて、お母さんもダダこねを余裕で受け止めてあげられるようになりました。それまでは忙しいときにダダをこねられると、ちょっとうとましく感じていたイチゴちゃんのことが、とてもかわいく思えてきて、怒ることもなくなったそうです。

親が子どもをかわいく思わないはずがないのですが、何かの気持ちがじゃま

をすると心からかわいいと思えなくなってしまいます。でも、いまその「じゃま」が取り除かれて、親子のきずなを取り戻したのですね。

③ 夜泣きが始まる

お母さんはこれでもうだいじょうぶかなと思ったそうですが、そうはいきません。お母さんが甘えをしっかり受け止めてくれたので、イチゴちゃんは勢いを得て、ますます甘える力を取り戻そうとしたのです。

すると今度は、夜寝ているとき突然泣き出すようになりました。これまで夜泣きをしたこともなかったし、もう落ち着いていると思っていたので、何が悪いのかわからずに悩みました。

そのときインターネットで、「癒しの子育てネットワーク」のホームページを見つけました。いま、まさに私に必要なことだ！　と夢中になって読みました。

娘の中には、まだまだいっぱい不満や怒りが詰め込まれていたのでしょうね。でも最近の抱っこでは、泣いて怒りを出し切る、というところまでいきません。そのうえ、「抱っこはしないで！」という娘のすごい抵抗にあって、私も最後まで抱っこし切れず離してしまいます。

こういうときは、どうすればいいのでしょうか？

「これまでイチゴちゃんはお母さんを困らせたくないと思って遠慮していたのですから、これからが本番ですよ。カンシャクが減ってかわいいダダこねになったのは、気持ちがラクになってきたからでしょう。夜泣きになったのもひとつの進歩かもしれませんね。次はきっと昼に泣くようになりますよ。泣いて怒りを出し切るまで抱き続けなければ、と思わなくていいですよ。五分でも一〇分でも、怒り泣きが甘え泣きになったら、膝から離してもだいじょうぶ。目標は『泣き虫』になることですからね」

という返事を差し上げました。

④ 甘え上手になる

はたしてイチゴちゃんは、夜泣きをしなくなり、昼間ダダこねやらカンシャクやらで甘えることがますます上手になりました。

その後、娘はすごくダダこねをするようになりました。もうわがままでいたずらばっかりで大変です！

これでいいんだと頭では理解していても、実際はイライラしてしまって、「これも成長の一過程だ」と自分に言い聞かせて耐えています。それでもときどきは怒ってしまいますが……。

夜泣きはなくなりましたが、昼間に意味もなくカンシャクを起こすことはまだあります。そのときは抱っこしようとしても大暴れしていやがるので、無理に泣きやませず、泣きたいだけ泣かせて、抱っこできるくらい落ち着いてから、ヨシヨシしています。

娘には無理に理由は聞かず、「泣いても何しても、大好きだからね」と言ってあげています（泣かれているあいだは、やっぱりこっちも「なんでよ～」とイライラするのですが）。

わがままでいたずらばっかりですが、イライラした様子はなくなって、前のようにお調子者の子に戻り、楽しそうにしています。

子どもを癒してやって、問題がなくなれば、落ち着いてもっといい子になるかも……という気持ちがあったのですが、三歳の子どもにとって「いい」状態のときは、好奇心いっぱいで、意志強固で、親の言うことなんか聞くわけないんですよね～、甘かったです。

もしかしたら、前よりも手強くなっているかもしれませんが、できるだけ押さえ付けずに見守っていきたいと思っています。

「目標は泣き虫になること」のことばが一番うれしかった。同じくらいの子どもがダダもこねず、泣きもせずに遊んでいたりするとつい、ああいうふうになってほしいと思ってしまって、泣き虫にしちゃいけない！　と肩に力が入ってしまっていたのですが、このことばを読んでからは、「泣き虫でもいいさ〜」とラクになりました。

上の子は、下の子のことを前と変わらずかわいがってくれています、最近は、夜寝るとき、二人で手をつないで寝ていたりして、とてもかわいいです。

下の子は素直にかわいいと思えるけど、上の子のときは育てるのに必死で、かわいいと感じる余裕もありませんでした。でも、「癒しの子育て」に出会えて、やっと心の底からかわいく思えるようになりました。今回のことがあったおかげで、そのことに気づくことができました。

いまこの文章を書いていて、長女がカンシャクを起こしてくれてよかった、という気持ちになっています。

よかった、よかった。

でも、お母さんが自力でここまでやり抜くというのも大変です。もっと気軽に相談の場を利用していただくといいと思います。

第4章

赤ちゃんの「泣く力」を育てるヒント

「こうして」というお願いに耳を傾けて

あるがまま、無心にかわいがる

赤ちゃんのうちは放っておいても「泣き上手・甘え上手」ですから、たいていはことさら「泣き上手にしなくては」と思わなくても、これから先「泣かせない子育て」の落とし穴に落ちないように、と心がけて育てていきさえすればいいはずです。

赤ちゃんの欲求にはまだまだ「待った」が効きませんから、何かつらいことがあったにしても、それを延々となぐさめて、心ゆくまで泣かせてあげて、子どもの治癒力を発揮させようとするよりは、むしろあるがまま無心にかわいがり、赤ちゃんの「こうして・ああしないで」という欲求を満たしてやって、安心感・存在感をはぐくんでいくことをまず大切にしてあげましょう。

まだことばを話すことができない赤ちゃんですが、こちらから話しかけることはわかると思って付き合うと、お互いに楽しく過ごすことができます。


四か月になったばかりの娘がおりますが、阿部先生の本を拝見するまでは「泣く＝授乳」という対応しかできずにいました。確かに何か訴えたい泣き方があることはわかったのですが、それに対する私の語りかけが的を得ていないようで、ただ「泣き」を増幅させてしまっているだけに終わっています。

さいわい娘は穏やかな性格のようで、おむつや空腹のときには「あう、あう」と声を上げて泣かずに呼ぶことが増えてきて、大泣きをするといっても日に一度あるかないかです。

私が思いつくかぎりを語りかけても、娘は気持ちをわかってもらえたと感じられないまま、泣き疲れて寝てしまっているようで、最後は「わかってあげられなくてごめんね」としか言えない状態になってしまいます。

こんな相談の手紙をいただいたので、返事を差し上げました。

子どもが泣いたらすぐにそばに行って、まず抱き上げて守られている感覚を伝えて、どうしてほしいのかなと欲求を汲み取って、満たしてあげる。子育てはそんな繰り返しですよね。そのうちにだんだん親子の歯車がうまくかみ合うようになって、お母さんの直感が働くようになるのですよね。

そうした中で、「泣く＝授乳」はまだまだ必要なことが多いのではないでしょうか。オッパイと一緒に安心感も飲みますからね。泣いたらとりあえずオッパイをあげてみるのもいいのではないでしょうか。

そうしているうちに、「オッパイあげても満足しないなあ。おむつでもないし、眠いからでもないようだし……これは何か特別に訴えたい気持ちがあるのかなあ」と考えてみたらいいですよ。

でも、すでにあなたは、そんなやりとりを重ねてきているのではないでしょうか。だからこそ、泣いて訴えることもあり、「あう、あう」と穏やかに声を出したり、目やしぐさで甘えられるようにもなっているのでしょう。

気持ちをわかってあげられれば一番いいのですが、わからないなら、泣きたい気持ちがあることだけわかってあげて、受け止めてあげれば満足しますよ。いっぱい泣けばいいのではなくて、「泣いて訴えて、受け止められて、落ち着く」というやりとりが大切なのです。

そして赤ちゃんが七か月になったとき、お母さんがその後の様子を知らせてくれました。

抱っこの方法にこだわるあまり、娘を見失いかけてしまっていたことに気づきました。まずはとにかく抱っこだ～と、逆抱っこグセ（私が抱っこしていたい）になるほど抱きしめて、チュウして、「大好き！　大事な子！」と愛情をたっぷり注いで育てています。

抱っこ大好きでいいんだ!

大泣きを日に一度しかしないと心配気味だった前のお母さんとは逆に、次は、「うちの子だけが大泣き?」と心配になったお母さんからのお便りです。

流産をしてしばらくたってから再び妊娠。つわりも軽いし、赤ちゃんも順調だしと働き続けていたら、切迫流産しそうになり、会社を早く休んで入院し、何とか無事男の子を出産できました。出産は一〇時間以上かかり、赤ちゃんがなかなか下りてこなくて難産でした。出産後も、ストレスと疲れで炎症を起こし、少し入院しました。

息子は実家にとっても、だんな宅(私はだんな宅で同居です)にとっても初孫で、かわいいかわいいと愛情いっぱいです。息子を出産し、退院してからすぐに実家で一か月余りお世話になりました。

実家で味をしめたせいか抱っこ大好きちゃんで、日に何度も抱っこをせがんで大泣きです。「うちはあまり泣かないよ」と人に言われて、「赤ちゃんって、よく泣くもんじゃないの？　うちの子だけ？」と心配になりました。「何でこんなに泣くの！　赤ちゃんってこんなに泣くもんなの？　抱っこばっかり大好きで困る！」とイライラしていました。

そんなとき、三・四か月検診で、阿部先生の『ニコニコ抱っこのすすめ』（日本家族計画協会）をいただき、読んだら心がすっと軽くなりました。「うちの子は、抱っこ大好きちゃんでいいんだ！　息子は何といっても世界一かわいいもん！」と思えるようになりました。話しかけること、抱きしめてあげることの大切さがよくわかりました。

まだ新米ママなので、抱っこがぎこちないし、泣き声で何を要求しているのかわからないときもありますが、前回流産して、今回難産を乗り越えて生まれてきた我が子が何よりかわいく、子育てが楽しくなりました。

最近はやっと心に余裕ができて、ときどき義母に預けて、ひとりで買い物やドライブに行くなど自分だけの時間を持つようにしています。

赤ちゃんにも「泣く理由」がある？

不安に揺れる子育て

次に紹介する三か月の赤ちゃんのお母さんは、幼いころ母親に厳しく育てられ、思春期には家庭内暴力を起こしていたそうですが、結婚して我が子が生まれてから、私の著書や「癒しの子育てネットワーク」のホームページを読んだりして、育児不安を乗り越え、実家の親ともいい関係を取り戻してきている、ということを知らせてくれました。

息子のアユは三か月半になります。とても厳しい母に育てられた私は、妊娠中、自分がきちんと子どもと向かい合っていけるのかどうか、ほんとうに不安でいっぱいでした。

自分でもなぜなのかよくわからなかったのですが、幼いころから私はとてもうそつきでした。母には布団叩きやハンガーで殴られ、母に反抗する年齢になってくると、今度は父に動けなくなるほど蹴りまくられたものでした。

でも、両親に愛情がなかったのかというとけっしてそうではなく、本が好きだった私に、母はクリスマスに名作シリーズを三〇冊ほどもプレゼントしてくれたり、やりたいと言った習いごとは何でもやらせてくれたりしました。父も、普段は冗談ばかり言って、よく遊んでくれました。

それでも、母は私と相性が合わなかったのもあったのでしょうね。物心ついたころから日常会話を交わすことはなくなり、妹と母が会話しているところへ私が話しかけると、とたんに黙り込んで完全に無視してしまう、ということもありました。

中学くらいから今度は私の家庭内暴力が始まり、何度母を殴ったか覚えていません。家中の食器や家具を壊し、窓を割り、学校へ行かなくなり、それでよけいに父に殴られるようになりました。母とうまくいくようになったのは、私が社会人になり、実家を離れて東京で暮らすようになってからのことです。

ところが、です。もともとアトピーだった私は、昨年妊娠してから、ますますひどい状態になりました。すると母は、生まれてくる孫がアトピーにならないように、母乳で育てるなと異常なくらいしつこく言ってくるようになりました。

そんな母に対して、ある日、私は大爆発してしまいました。そのとき、昔のことが一度によみがえってきたのです。

私が小さいころからカサカサの肌でいたものですから、母からいつも、「粉（肌をかいたときに出る皮膚のカス）が落ちるから、そっちの部屋へは入るな」「あんたが入ったあとのトイレは粉がいっぱい落ちていて汚い」「色が黒いから何を着せても似合わない」と、とにかくけなされてばかりきたことが、どっと思い出されたのです。

何時間も号泣し、泣きやもうと思っても泣きやむことができず、かわいそうに母も、「あなたがそんなにコンプレックスを感じていたとは知らなかった」と、自分の子育てを振り返って改めてショックを受けたようでした。

実家のお母さんにはちょっとかわいそうな気もしますが、でも、思い切って感情を大爆発させたことで、自分自身やお母さんとのいい関係を取り戻すきっかけとなり、ひいては、子育てと前向きに取り組めるようにもなったのでしょうね。

話し相手は、ここにいる

結局、出産後すぐに私が体調を崩してしまい、赤ちゃんとは隔離された状態で退院を迎えました。

注射や服薬がどうしても必要だったので、初めからミルクで育てることになり、何だかしょっぱなから母親として失格なような気がして、相当落ち込み続けました。

母といつまでもけんかを続け、家庭内暴力まで起こして、自分の感情をいまだにセーブできないような私が、どうやって母親として子育てしていけるのか、と不安の中でもがいていました。

あるときふと、再び阿部先生の本を読んでみる気になりました。また、並行してインターネットで「癒しの子育てネットワーク」のホームページにある「相談実例」を見て、全部プリントアウトして少しずつ読みました。

読みながら泣いて、泣きながらまた読みました。心にかかっていた雨雲がふわあっと消えていきました。自信がつくところまでは当然いかないけれど、何となく私にも子育てができそう、って気になりました。

それからは何かあるたびに、息子のアユに語りかけるようになりました。「ベビーカーを使っていないので、駐車場まで抱っこして歩きながら、「青い車が停まってるね。これはちょっと変わった感じの青だね」とかささいなことも。「いや〜、ママ鼻水が出てきた〜。アユに見られちゃった〜」なんてくだらないことも。「ごめんね、いまママお仕事の電話していたから、泣いているのにすぐ来てあげられなかったね」と謝ったりも……。

そうやって毎日を過ごしていると、友だちが言っていたような、「子どもと二人だけで家にいると息が詰まるよ～」なんて感じが全然ないんです。話し相手がいないって気がしないんですよね。だって実際、話し相手はいるんですから。

最近ではアユのほうも、「ゴー、ゴー」って表情も豊かに話すようになってきたのでなおさらです。

何を言っているのかわからないときのほうが当然多いんですけれど、何かあったときは表情も真剣な面持《おもも》ちになってきて、三か月の赤ちゃんが、眉間にしわを寄せて必死で話すんです。先生の本を読んでいなければ、きっと全然気づかなかっただろうなって思います。

「怖くなくなるまで、泣いてもいいよ」

そしてこの前、実家へ行ったときのことです。

二～三日おきにしょっちゅう行っている実家なのに、その日は実家に着いて目を覚ましたとたんに大泣きを始めたんです。生まれて初めて、抱いても何しても大泣きするアユに、私の両親はオロオロ。

でも、私にはふと、思い当たることがありました。

その何日か前に実家に行ったとき、私の母が童謡のレコードを聞かせたんですね。そのとき、コーラスの部分が怖かったのか、アユがウワッと泣いたんです。それが、この実家での最後の記憶になっていたものですから、きっとそのことを思い出したんだろう、と思って。

それで、「このあいだ来たときレコードで怖い思いをしたから、それを思い出したんだよ」と両親に言いました。でも、両親は「まだ三か月の赤ちゃんでそんなことがあるはずがない」と言い、アユを抱いてメリーを動かしてあやしてみたり、あっちこっちへ歩き回ってみたりしていましたが、一瞬泣きやんでもまたすぐ大泣きする、ということの繰り返し。

両親にはちょっとかわいそうでしたが、「ごめん、ちょっと抱かせて」とアユを預かって、

「ごめんね、このあいだレコードが怖かったんだよね」

「ママもあのレコードは怖かったからしまっちゃったよ」

「もうあの大きな声の歌はどこにも出てこないよ」

「怖くなくなるまでいっぱい泣いていいよ」

「怖くなくなるまでママがずっと抱いててあげるからね」

と話しかけ、しばらくヨシヨシしながら抱いていました。すると、ある時点でぴたっと泣きやみ、うそのようにごきげんに。

そのあとはもうずっと帰るまで、よく笑ってよくしゃべり、両親は大いに満足して喜んでいました。その後、実家へ行って泣くことはありません。

ほんとうにそのレコードが理由だったのかは定かではありませんが、もと

もと夜泣きもなく病院などに診察へ行ってもおりこうにしている子だったので、初めて抱かれたままあんなに大泣きしているアユを見ていて、「もしも本を読まずにいたら、泣きやまない我が子を見てイライラしちゃっていたかもな」って思いました。

読んでいたからこそ、その原因がはたして正解だったかどうかはともかく、三か月の赤ちゃんが泣くのにもきっと何か理由がある、とわかっていたので、必要以上の不安やショックを感じなくてすんだのです。

近ごろは誰に抱かれていても、私と目が合うたび何度でも「にぱ〜」って笑ってくれるようになりました。それが、心の底から驚いていることであり、何よりうれしいことでもあります。

三か月の赤ちゃんにも話がわかるのですね。もっと大きい子どもやおとなが理解する仕方とは違うのでしょうが、それにしても、表情や語調や身振りで何となくニュアンスが伝わるというレベルを超えて、もっと話の中身が伝わるようなのです。

ただ、どんな話でも伝わるというわけではなく（政治や経済の話などもちろん無理です）、赤ちゃんにとって切実な事柄に限られますが、「赤ちゃんでも話がわかる」と思って付き合ったほうが、きっとお互いに楽しい関係を持つことができるでしょう。

このお母さんは、レコードが怖かったんだ、と直感的にひらめいたのですね。このお母さんにかぎらず、「『癒しの子育て』を心掛けているうちに子どもの気持ちがなぜかよくわかるようになった」という話はよく聞きます。

赤ちゃんにとって泣くことは〝会話する〟こと

「泣けばオッパイ」を見直してみる

次に紹介するのは、「実況するように話しかける」ことで、赤ちゃんとの会話を楽しんでいるお母さんからの報告です。

ちょうど満一歳になる男の子の母親です。しばらくは順調と思えていた子育てでしたが、最近気になることが出てきました。本を読んで思い当たるふしもありました。数週間前に突発性発疹にかかったのですが、そのあとから子どもの様子が変になったような気がします。

昨日、息子が昼寝から覚めたとき、おむつを替えようとしたらグズグズしているので、抱っこをしていろいろ話しかけてみました。突発性発疹や吸引分娩のことなどを話しましたが、これといった反応がなかったので、「ママがわかってあげなくてごめんね」と言ったら、突然火がついたように泣き始めて、私から離れようとしました。

「ママに抱っこしてほしかったの？」

と言うと、大泣きの大暴れがしばらく続いてからまた寝てしまいました。

その二度目の昼寝はいつもより長く、目が覚めるといつもは泣くのに、泣かずにすぐに遊び始めました。最近、息子がつたい歩きやハイハイが上手になり、私も抱っこが足りなかったかなと反省しました。

私にとってはちょっと不思議な体験だったのですが、これでも癒しになっているのでしょうか？　子どもが泣くということにはマイナスのイメージがあって、いままでは泣けばオッパイをあげていました。私もオッパイに逃げていたのかもしれません。

こちらからどんな返事を差し上げたか忘れてしまいましたが、それから二か月ほどしてまたお便りをいただきました。

ゴールデン・ウィークに主人の実家に泊まりに行ったのですが、それから息子の夜泣きが始まり、家に帰ってからもずっと続いていました。主人の実家での何かが原因に違いないという気がして、思い当たることをいくつか話しかけましたが、これといって反応はありませんでした。

そこで、家を出発してからのことを実況するように話しかけてみたところ、夫のおばあちゃんの話になったときに大声で泣き始めたのです。

おばあちゃんは認知症で入院しており、夜泣きの始まった日にお見舞いに行ったのです。「おばあちゃん、かわいそうね」「早く退院できるといいね、早くよくなるようにママと祈っていようね」などと話しかけたら、しばらく大泣きしてから寝てしまいました。

その晩から夜泣きはなくなりました。主人と二人で、「とてもやさしい子だね」と息子を思い切りほめてあげました。

うまくいくとこんなふうに、赤ちゃんと気持ちのやりとりをする会話の上達が期待できますが、気持ちが言い当てられるかどうかよりも、赤ちゃんもいろいろな気持ちを感じているし話が伝わるのだと、わかってあげるだけでまずは十分です。

「まぎらしのオッパイ」をあげる前に

もうすぐ一歳になるランちゃん。お母さんが抱っこしてもなかなか目を合わせず、べたっと身をまかせることもなく、苦しそうにもがきます。いろいろ話しかけても、その反応に手応えが感じられず、ランちゃんの言い分がわからない、という相談でした。

しばらく様子を見たりお話をうかがったりしているうちに、そのわけはすぐにわかりました。

四歳のお兄ちゃんがずっと病弱で、お母さんはずっとお兄ちゃんのお世話を優先するしかなかったのです。そのため、ランちゃんが泣くと、お母さんはすぐにオッパイをあてがって、泣きやんでもらっていました。ランちゃんも、オッパイを飲むことで寂しさをまぎらして、お母さんを助けていたのです。

でも、そこはやっぱり赤ちゃんのこと、お母さんを助けてがんばるといっても限度があります。お母さんも、上の子の体調がだいぶよくなってきて、ランちゃんに気持ちを向けるゆとりができてきたので、ランちゃんをねぎらってあげたいと思っていました。

「確かに、いままでは、泣くとすぐにオッパイをあげていました、さっき飲んだばかりなのに、どうしてすぐまたオッパイをほしがるのだろう、ほしがるくせにどうしてあんまり飲まないのだろう、と不思議だったのですが」

とお母さんは苦笑しました。

「オッパイは飲みたいときに飲む、甘え泣きをしたいときには甘え泣きをする、少しずつ、やすらぎのオッパイとまぎらしのオッパイのメリハリをつけていきましょうね」

と助言しました。

気持ちをまぎらわすためにオッパイを求めてきたときには、最初は数秒、次のときはさらに数秒待ってもらってからあげるようにして、甘え泣きを誘います。

そのうち、甘え泣きのだいご味を覚えた赤ちゃんは、オッパイなど見向きもしないで泣き続けるかもしれません。でも、そのためになかなか泣きやまないで困ってしまうようなら、ほどほどのところで、それこそ「まぎらしのオッパイ」で泣きやんでもらうことにしましょう。

少しずつ「歯止め」を外していく

夜中に一〇分から三〇分おきに目を覚ましてしまう、という九か月の赤ちゃん。

生まれたときからよく泣く赤ちゃんだったそうです。出産のときは、ヘソの緒が巻き付いてなかなか出てこなかったため、鉗子《かんし》分娩になってしまったとのこと。その苦しさを訴えて泣いていたのかもしれませんが、ママにしてみれば、まさかそんなことで泣いているとは思わなかったに違いありません。

少しでも眠ってほしいという親心から、(最近では窒息事故のおそれがあるので望ましくないとされていますが) うつぶせで寝かせてみたら、二~三時間続けて寝るようになりました。やれやれと思ったのもつかの間、月齢とともに目覚める間隔がますます短くなりました。そこで、泣くとオッパイを飲ませて寝かしつけていたそうです。

来談してしばらく遊んでいるうちに、相談に来ていたよその子どもとトラブル。ママに抱いてなぐさめてもらおうとすると、さっき飲んだばかりのオッパイをまたもやほしがります。

生育歴の事情から無理もなかったことですが、「泣きたくなるとオッパイでまぎらす」というパターンが、赤ちゃん自身に取り込まれてしまったようです。日中泣きにくくなっている分だけ、夜中に目覚めて泣かずにはいられなくなっているのでしょう。

オッパイを飲み終わると、赤ちゃんはすぐママの膝から下りようとします。下ろさずに横抱きのままにしてもらうと、すぐに泣き出しました。「横抱きが嫌いで」とおっしゃるので、そうではなく、身も心もまかせるしかない横抱きにされると、泣くのを我慢するための歯止めが外れそうになるので、横抱きを避けるのですよ、と説明しました。

出産のときの話題に触れると激しく泣き出して、今度は、なかなか泣きやまなくなります。ママが動揺し始めるといけないので、ひとしきり泣いたところで、いつものようにオッパイで泣きやんでもらうことにしました。

「『早く泣きやませよう』から『泣きたいときは泣いていいんだよ』に、ママの気持ちを切り換えたらいいですよ。だからといって、オッパイでまぎらすのを一気にやめてしまうと、一転して、以前のようになかなか泣きやまない状態になってもいけませんから、こんなふうに少しずつ少しずつ、歯止めを外していってあげましょう。そのうちオッパイでまぎらさなくても、ママの腕の中で落ち着けるようになりますよ。そうなるころには、夜もぐっすり眠れるようになるでしょう」

と助言しました。

「泣いて訴えるのを我慢してしまう」のも苦しいものですが、「泣いて泣いてなだめにくい」状態だとママが困ってしまいます。

「元気に泣いて、ヨシヨシと聞いてもらって、さわやかに泣きやむ」というのが理想的です。

ときには「お母さんの気持ち」で泣くことも

「間に合わなくて、無念……」

生後一〇か月の赤ちゃん、モミジちゃんについての相談を受けました。六か月のころ夜泣きがひどく、私の本で「癒しの抱っこ」を知って試みたところ、一時はよかったのですが、最近また、夜中に起き出すようになっただけでなく、お母さんにかみつくようになった、ということでした。

相談室に来たときモミジちゃんは眠っていたので、お母さんが抱っこしながら話をしてくれたのですが、「哺乳びんをいやがって……」という話になったところで、モミジちゃんが目を覚ましてぐずり出しました。

それまで眠っていた子どもが、おとな同士の話が大事なところに触れたところで、「待ってました」とばかりに目を覚ますことはよくあります。ぴったりそのことということではないにしても、当たらずとも遠からずのところに話題がいった、ということです。

昼食がまだなのでお腹が空いているはず、とのことなので先にすませてからにしたのですが、モミジちゃんはまったく食べようとせず、ぐずり続けるばかり。食べるよりまず気持ちを聞いてほしいのかな、ということになって本題に入りました。

生まれてからオッパイはよく出たのですが、何度か乳腺炎を起こしたので、飲ませられないときのことも考えて哺乳びんの練習をしたものの、どうしても飲んでくれず、哺乳びんにオッパイを搾って入れてみてもダメだったのであきらめた、ということがあったそうです。それで、「哺乳びん、いやだったね」となぐさめたのですが、いっこうに落ち着きません。

そこで、哺乳びんの話題を離れて、誕生前後のことを探ることにしました。

まず、面接票に「切迫流産」とあったので取り上げてみました。切迫流産というのは生きるか死ぬかの境までいったということですから、子どもにとっては切実なテーマです。でも、それも、この日は反応なし。

それよりも、切迫流産で入院しているとき、おばあちゃん（お母さんのお母さん）が亡くなったという話になって、モミジちゃんの反応が変わりました。

もう危ないというときに、お母さんは入院中の産院からおばあちゃんに会いに行き、もう意識が薄れていたおばあちゃんの手を取ってお腹の赤ちゃんをなでてもらいました。その五日後におばあちゃんは亡くなったそうです。

「おばあちゃん、かわいそうだったね」「抱っこしてほしかったね」などとなぐさめましたが、モミジちゃんはまだ納得しません。

お母さんが何年かにわたるおばあちゃんの看病のことを話してくれました、あわただしい日々を過ごしているうちにひょこっとモミジちゃんがお腹に来て、何だかとても不思議な気がしました、という話が出たので、私が、

「おばあちゃんを元気づけようとして、それで急いで来たんだね」

ということばをかけると、モミジちゃんは「そう、そう」と言うようにほっ

として落ち着きました。

あとは付け足しのように、「それなのに、間に合わなくて無念だね」「間に合わなくて、モミジちゃんも無念、おばあちゃんも無念、お母さんも無念……」などと語りかけているうちに、モミジちゃんはけろっと泣きやんでニコニコ満面の笑顔になってしまいました。「なに、これ？」とお母さんがあっけに取られたくらい、けろっと。

赤ちゃんはお母さんと一心同体

こんなふうに、「おばあちゃんが亡くなる前にお腹に来て、かけがえのない触れ合いができてよかったよ」という気持ちと向き合うことができたあとでなら、次には、「おばあちゃんが亡くなる前に生まれてくることができなくて無念」という気持ちをも素直に味わうことができますね。

ほんとうに、「なに、これ？」と言いたくなるような経過でしたが、似たような体験はよくあります。

ところで、一番無念だったのは、いったい誰だったのでしょうか？

おばあちゃんの身になってみると、きっとお腹の赤ちゃんと触れ合えたことを喜んで亡くなっていったのではないか、という気がします。でも、お母さんの身になってみると、おばあちゃんが元気なうちに赤ちゃんの顔を見せてあげたかった、という無念さが強かったのではないでしょうか。

赤ちゃんは、胎内ではもちろんのこと、生まれてからも、お母さんと一心同体です。どこまでが自分の気持ちで、どこからがお母さんの気持ちか、の区別も定かでないまま気持ちを分かち合います。

あなたも、「もしかしたらこの感情は、自分の体験で味わったものではなく、親からもらったものかもしれない」と思い当たることがありませんか。

私も幼いころからずっと、「むなしい」という根深い感情にとらわれていました。「これは、結婚前に好きな人がいたのに、親に言われるままに嫁いで、夫婦仲も円満でなかった母親の気持ちだったかもしれない」とはなかなか気づきませんでした。

「泣かれるとつらい」ままでもだいじょうぶ

泣くようになったら、こんなにラクになった！

赤ちゃんのうちはみな「泣き上手」だとはいっても、中には、事情であまり泣かなくなっていることもあります。泣かない赤ちゃんは、なだめられて泣きやむことにも慣れていないわけですから、一気に我慢の歯止めを外してしまうと、一転して、延々と泣き続けてなだめにくくなってしまう心配があります。

何度も言うようですが、少しずつ「泣き上手（泣きだし上手・泣きやみ上手）」にしていくのが無難です。

阿部先生の本を拝見しました。読んでいると、涙が流れて止まらず、真夜中の三時過ぎまでひたすら読みました。私のいままでの気がかりに光を与えてくれ、もうだいじょうぶかもしれない！　という安心感に涙があふれました。

こんなお便りをいただくと、「ああ、この仕事をしてきてよかった」とうれしくなります（もっとも、「本を読んでやってみてもなかなかうまくいかない」「本を読んだら自分が責められているようで苦しくなってしまった」といったお便りもいただいて、申しわけなく思うこともよくあるのですが）。

中でも、まず最初に変えようとしているのは、息子が泣いたりぐずったりのたびにオッパイで口をふさいでいたことです。ぐずればオッパイ……で、日に何度もやり過ごしていました。

しかも体を反り返らせるので、下に寝かせたまま、覆いかぶさるようにオッパイを押し付けていました。そのため、息子はあまり泣かなくなり、私は助かったと思っていたのです。

　ところが、泣かないどころか、笑顔も消えてしまって心配になりました。あまり反応が返ってこないので、息子に対してそれほど愛着がわかず、ペットを飼っているような気持ちで世話をしている、という感じでした。

　八か月の我が子に「癒しの抱っこ」を試みると、本に書かれてあった通りの経過をたどって、私の腕の中で眠りにつきました。


　この赤ちゃんは必ずしも泣いて泣いてなだめにくい、という感じの赤ちゃんではなかったのかもしれません。でも、このお母さんにとっては、赤ちゃんに泣かれることがとてもつらいことだったようです。

　泣かれてつらくなるにはつらくなるだけの何かの事情が、生い立ちの中であったはず。さらに、このお母さんの場合は、夫婦仲がしっくりいっていないようで、このことも赤ちゃんの泣き声を聞くとつらくなる原因になっていたのかもしれません。

ですから、赤ちゃんの気がかりな様子に促されて、子育ての軌道修正をはかろうとするとき、まずは、これまでの子育ては自分にとって現実的なベストの方法だったのだ、と認めてあげたらいいですね。

一度はオッパイなしで寝かしつけることができ、「オッパイで我慢しないで泣きたかったね。もっとお話もしたかったのに、オッパイで口をふさいでばっかりでごめんね」と言うと、笑ってくれたのです。ほんとうにびっくりしました。

この心地よさがたまらず、私はもっともっと息子と一緒に泣きたいです。先生の本を読んで「癒しの抱っこ」をしてみると、ことばはしゃべれなくても、心は通じ合うことを体験しました。そして無邪気に笑うことができないのも、私たち夫婦を心配してのことだと気づかせてもらい、なんてやさしい子なのだろうと思うと、息子がかわいくてかわいくてたまらなくなってきました。

これまで泣き声を聞くのがつらく、すぐにオッパイで乗り切ってきましたが、いまは泣き声すらいとおしく感じる日々です。毎日毎日、一日中大好き大好きと言っていたら、息子も大きな声を出してキャッキャと言ったり、声を出して笑ってくれたりするようになりました。

その反応がうれしくて、もっともっと遊んであげたくなる毎日です。

お母さんの中の「何か」が変わるとき

いやもう、びっくり。これまでの親子の関係が一変してしまいましたね、夫婦仲はまだしっくりというわけでもないのに、現実と向き合うお母さんの気持ちがすっかり変わってしまったようです。

似たような例を思い出しました。

学校で友だちに乱暴してしまうという小学一年の男の子のことで、何回か親子で相談に来ていただいているうちに、この子は嫁姑の関係で悩んでいるお母さんのことが心配でたまらず、その気持ちを学校で友だちにぶつけないではいられないのだ、ということがわかってきました。

何回目かの来談のとき、「もうだいじょうぶ。学校に行っても乱暴しない。阿部先生のところへも行かなくていい」と本人が言っています、というお母さんの話がありました。

子どもがだいじょうぶと言い、でも実際にはダメだった、という話はよくあります。たとえば、明日は必ず学校に行くと子どもが言い、でも翌朝になってみるとやっぱり行けないとか、もう絶対に家のお金を持ち出しませんと約束しながらすぐまたやってしまうとか……。

子どもがそう言っているというだけでは心もとないので、「お母さんはどう思いますか」と聞くと、「私もだいじょうぶだと思います」というお答えです。ちょっと意外だったので、「どうしてそう思いますか」と重ねて聞くと、お母さんはにっこり笑って、「私が元気になったからです」ときっぱり答えてくれました。

その笑顔を見て、確かにもうだいじょうぶだ、と私にも確信できました。お母さんの置かれた大変な状況はそれまでと変わらないのに、お母さんの心の中で何かが起きたようなのです。

きっとこのお母さんと同じように、八か月の赤ちゃんのお母さんも、泣かれてつらくなる事情は少しも変わっていないにもかかわらず、お母さん自身の中で何か大きな気持ちが目覚めたのではないでしょうか。

第5章

子どもも親も「泣き上手」でしあわせに

子育てのピンチは親にとってのチャンス

まずは、自分が「泣き上手」になる

私たち親は、子育てを通じて、自分自身が生い立ちの中で思い残してきた大切な気持ちに出会います。そのため、ときにはひどく切なくなって、子育てから逃げたくなったり、子どもに当たってしまったりすることもあります。

でも、いってみればピンチはチャンス。子育てはすてきな自分自身を取り戻すチャンスでもあるのです。

チャンス？

どうすることから始めたらいいの？

子どもにとってそうだったように、おとなにとっても、まずは「泣き上手」になることから始めたらどうでしょうか。

泣くことを許されてこなかったことに、あるいは、みずから禁じてきたことに気づいたら、ときどきは夫や友だちの前で心ゆくまで泣かせてもらったらどうでしょうか。助言などいらないから、ただ共感して、手を握るなり抱きしめるなりして、「うん、うん」と聞いてくれるように頼むのです。

思い切り泣いたあとはスッキリして、新たな希望や元気が湧いてきて、笑顔さえ取り戻すことでしょう。

たまには、子どもと一緒に思い切り泣いてしまってもいいですよ。

よく「子どもに心配をかけてはいけない」と、必死になって子どもの前で取りつくろう人がいますが、お母さんが苦しくなっていることは、隠そうとしても子どもにはどうせバレバレ。

根っから親思いの子どもは、お母さんと気持ちをひとつにしたいと思っていても、お母さんがひとりで耐えようとしていると、取り付く島がなくなってしまうのです。

同居している義母とのトラブルで深刻に悩んでいるけれども、子どもがなついているおばあちゃんの悪口は言いたくないからグチはこぼせない、と言う人もいます。

でも、「おばあちゃんは、悪い人だ」と言うわけでなく、「私は、おばあちゃんとのことでつらい思いをしている」と自分の気持ちを聞いてもらうだけのことですから、悪口とは違うのです。

喜びも、怒りも、悲しみも、すべて親子で一緒に味わったら、ますます強いきずなで結ばれることでしょう。また、親思いの子どものすてきな感性に触れる喜びを味わうこともできるでしょう。

ピンチを乗り越える力は自分の中にちゃんとある

泣かれると怒りが抑えられない

我が子の泣き声を聞くと、なぜかイライラして怒りが抑えられなくなってしまい、どうしていいかわからない、手を上げてしまう前に助けていただきたくて、というお母さんからお便りをいただきました。

一般に、母親がイライラする気持ちは、嫁姑の仲が悪かったり、夫とうまくいっていなかったり、近所付き合いでいやな思いをしたり、子育てが思うようにいかなかったり、という現在の問題からくるのですが、さらにその根っこをたどっていくと、幼少のときの、親との関係にまでたどり着くことも多いのです。

このお母さんの場合は、嫁姑の仲が悪いわけではなく、夫婦仲も円満だったのに、それでも理由のわからない怒りをなかなか抑えられませんでした。

もうすぐ一歳という坊やは、しばらく前からあと追いが始まり、最初は、姿が見えなくなったら泣く程度だったので、離れるときに声をかけたり、ドアをしめないように気をつけることですんでいました。台所では、足下でおとなしく遊んでいました。

ところが、数週間前から、離れるとギャーギャーと、まるで親が虐待でもしているかのように泣くようになったそうなのです。

すると、私はなぜか怒りが抑えられなくなって、壁を蹴ったり、おもちゃやそのへんにあるものを、子どもには当たらないように投げつけ、罵声《ばせい》を浴びせています。手を上げまいと我慢をすればするほど、怒りで体が震え、興奮状態になります。

怒りをぶつけたあとで、何度も子どもを抱き、泣きながら謝ります。やさしい子に育ってほしいと願いながら、こんなことをしている自分が情けなくなります。こんな日々がずっと続いているのです。

私は母親になるべきではなかったと思い、きっとこの子を不幸にしてしまう、と自信もなくなっています。

自殺も考えました。昨日は泣きながら、子どもの前で首にタオルを巻き付けました。でもやっぱりできなかったのです。

このお便りを読むほどに、このお母さんがいかに我が子を愛しているかが伝わってきました。

「なぜか怒りを抑えられなくなる」ということは、自分でも気づかない無意識のところから、自分の本来の思いや願いに逆らう衝動が突き上げてきて、自分ではどうにもならないほどに自分を支配してしまう、ということですね。

自分で自分をコントロールできる余地が、極度に少なくなってしまっている。その限られた余地を必死に働かせて、子どもにはぶつからないようにものを投げつけるなどして、子どものいのちを守ろうとしている。そして、怒りをぶつけてしまったあとで、子どもを抱いて泣きながら謝る、というこのお母さんの愛情は、ほかのどのお母さんにも劣るものではありません。

それなのに、お母さんは自分を責め、死ぬことさえ考えているのです。

主人も、主人の両親も、私の両親も、みな相談に乗ってくれます。とてもやさしく見守ってくれています。

でも、子どもがものすごい勢いで泣き始めるとどうしようもなくなってきます。私自身、おとなになり切れていなかったり、子育てに対しての覚悟が足りないのだろうと思うのですが。

怒りの気持ちを認めてあげる

お住まいが近かったら相談室に来ていただくと、何かお手伝いができるかと思ったのですが、あまりにも遠すぎました。靴の上からかくようなもどかしさはあるけれども、メールでできるだけの応援をするしかない、と思いました。

こんなやさしい人たちに囲まれているのに、どうしてそれほどの怒りが、とも思いましたが、理由や原因の詮索よりまずはその気持ちに寄り添いたいと思って、祈るような気持ちでこんな返事を差し上げました。


お母さんは何にも悪くない、お子さんも何にも悪くない。でも、泣かれるとどうにもつらくなってしまうお母さんの気持ちがあるのですよね。その気持ちを、遠く離れたここから吸い取ってあげられたらいいのですが。

あなたもほんとうは、泣いている我が子を抱きしめてあげたいでしょうに、つらいですね。まだ赤ちゃんですから、手を上げてしまうと大変なことになると思って、何とかそれだけはと、ご自分で必死に止めていらっしゃるのですね。その強さを、ご自分で信じてくださいね。

体が震えるほどの怒りの裏にどんな気持ちがあるのでしょう。悲しみでしょうか、怖さでしょうか、寂しさでしょうか。

そんな裏の気持ちに気づくと、むしろ怒りが涙に変わるのですが、そんなふうに自分の気持ちと向き合う作業をひとりでするのは難しいかもしれませんね。

せめて、怒りの気持ちがあることを否定しないで、「そこにいるね。わけがあってそこにいるんだね」と自分で認めてあげると、それほどの怒りにはならずにすむかもしれません。体が震えるほどの怒りですから、気持ちを認めたくらいではどうにもならないでしょうか。

怒りが涙に変わると怒りが鎮まることは確かです。そして怒りの裏にある気持ちに出会うと、そんなに怒らなくてもすむようになるのです。

誰かに根気よく抱きしめてもらって、気持ちを聞いてもらったらいかがでしょうか。

ご主人はやさしい方のようですから、ご自分が苦しくなったときに抱きしめてもらって、気持ちを聞いてもらったらどうでしょう。ことばで聞いてもらうだけでなく、体を抱きしめてもらうと、怒りが涙に変わりやすいですよ。

応援していますから、つらくても生きていてくださいね。お子さんにとってはかけがえのないお母さん。あなたでなければダメなんですよ。きっと道がひらけますからね。

お母さんの「寂しさ」に寄り添う

こんな返事が少しは役立ったのでしょうか。それとも、「助けて」というメールを書いた時点で、すでにこのお母さんの心の中で、目に見えない力が働き始めていたのでしょうか。

次に届いたメールの文面から伝わってくる感じは、前回とは明らかに違っていました。

先日は、お忙しい中、温かいおことばをいただき、ありがとうございました。とてもうれしかったです。

しかし日曜日、主人が泊まりの仕事に出たあとで、また子どもの大泣きが始まりました。やはりどうしていいかわからず、私も泣いていました。

ちょうどそのとき主人の母から電話があり、昨日まで主人の実家でお世話になっていました。そこでは、誰かがそばにいるせいか、子どもがひどく泣くことはなく、私も落ち着いて過ごせました。

今朝は、主人が出勤してから、おんぶで家事をしたり、極力そばを離れないようにすると、そんなに泣くことはありませんでした。

私が甘えん坊なので、それが子どもにも移っているのでしょうか。主人が出勤すると寂しく感じるのを、子どもも感じているのでしょうか。子どもと二人になると「また泣かれる」と不安に思うのを、子どもも感じているのでしょうか……。原因を考えるとキリがないくらい出てきます。

ほら、ね。ご主人のお母さまを頼ってお世話になったり、おんぶで家事をするという工夫をしてみたり、お子さんと一緒に泣くこともできるようになったり……。

このお母さんを束縛していた何かがゆるみ始めてはいないでしょうか。

前回よりも少し元気を感じられるメールで、ちょっとほっとしました。甘えん坊の自分に気づいたんですね。ご主人が出かけてしまうと、とても寂しいんですね。子どもはそんな母親の気持ちも感じ取りますから、「お父さんが行っちゃったから、お母さんは寂しいよ」などと自分の気持ちをお子さんに伝えたらいいですよ。

幼いころ、ひとりで留守番をしたりしていたのですか？　幼いころの寂しさが癒されずに心に残っていると、いまのことでの寂しさがとても増幅して感じられてしまうのですよね。

いま寂しいと感じている気持ちをないものにしないで大切に味わっていると、幼いときの寂しさも癒されていくと思います。

お子さんが泣いたら一緒に泣いたり、ご主人の実家に行ったり、家事のときもおんぶなどで離れないようにしたり、とても工夫をしていますね。お母さんが寂しくならないように、不安が少なくなるように、そんな工夫をこれからもしていってくださいね。

もっとかまってほしかった

原因を探るためではなく、お母さんがご自身の気持ちとお近づきになるきっかけにと思って、「幼いころ、ひとりで留守番をしたりしていたのですか？」と書きました。

そうしたら、次のような返事をいただきました。

最近では、子どもが泣いたとき、落ち着いて抱っこをすることができるようになったと思います。

いままでは、「早く泣きやんでほしい」と思ったり、ご近所が気になったりして、集中していなかったのかな……と反省しました。阿部先生のご本を読んでから、ギャーッと泣かれても、落ち着いて抱っこしてやることができるようになりました。いろいろ話しながら抱っこしていると、ほんとうに泣き声が変わるんですね！　自分でも驚きました。

泣くことがこの子にとっては気持ちを伝える唯一の手段なのだから、母親である自分が受け止めてやらなければこの子がどんどんつらくなる……そう思うと、子どもの泣き声も、「いまはつらいのかな？　苦しいのかな？」と考えながら聞くことができるようになりました。

私は子どものころ、両親が共働きで、生後三か月くらいから、同居している祖母に面倒をみてもらっていました。兄がいますが、いつもけんかばかりしていました。それを祖母が、仕事から帰ってきた父に報告し、父は兄ばかりを怒っていました。夕食時になるといつも兄は叱られ、手を上げられていました。

私は、もっと叱られたりして親にかまってほしかったのではないか、と最近になって思います。

私自身、小学校低学年まで、ダダをこね、大声で泣いたりもしていました。

父は亭主関白でしたが、母は明るく何でもがんばる人でしたので、家庭の雰囲気が悪いということはなかったと思います。

父は毎晩のように麻雀や飲みに出かけていましたが、母は、いつも明るく見送っていました。

そんな母の寂しさが、自分の寂しさと重なっていたのでしょうか。私は、よく母を仕事場まで迎えに行ったりしていました。

それとつながっているかどうかはわかりませんが、やはり主人が出勤すると寂しくなります。子どももそれを感じているのかもしれないですね。

主人は仕事柄、夜も不在になることがときどきあります。やはりそんな日は、寂しさや不安があります。「今日一日どうしようか」とか、「また大声で泣かれたらどうしよう」とか、つい考えてしまいます。きっと、子どももそれを感じていたのでしょうね……。

まだ、ときにはイライラすることもありますが、以前のように怒りのままに暴れるようなことはなくなりました。少しずつですが、「お母さん」に成長していけるようにがんばります。

わあーい。このお母さんの中に秘められていた英知やパワーが、どんどん発揮されています。人を縛り苦しめるものも無意識の中にあるのだけれども、それを乗り越えていく力も、やはり無意識の中にちゃんと存在しているのだ、と改めて思い知りました。

メールをいただくたびにラクになっているようでうれしいです。

ちょっと前まではあんなに泣き声を聞くのが苦しかったのに、お母さんの心の中で何が起こったのでしょうね。ご自分の中の甘えん坊なところや寂しさに気づいたからでしょうか。

死ぬことさえ考えた必死さがあったからでしょうけれど、一〇日前のメールと今回のメールでは、心の在《あ》りようがまるで違いますよね。

こんなふうに人の心って変わるんだ、と感動さえ覚えます。心って不思議ですね。でもほんとうによかった。

「しあわせを、ありがとう」

次のようなお便りをいただいて、メール相談は終了しました。

わずか数回のメールのやりとりのうちに、こちらから格別のノウハウやアドバイスを差し上げたわけでもないのに、このお母さんがみずから答えを見つけ、本来のすてきな自分を取り戻していったプロセスに大きな感動を覚えました。

もちろん、ご主人や双方のご両親の支えが大きかったでしょう。でも、もしこの相談が多少とも役立ったとすれば、人と人との支え合いの輪を広げていくことこそが、「いまの子育て」から「これからの子育て」への展望をひらくのに大きな意味を持っていることを示してくれているのではないでしょうか。

このたびは、私のささいな悩みに、やさしいおことばをいただいたり、励ましてくださったり、ありがとうございました。

今回のことで、ほんとうに自分が変われたのではないかと思います。たとえば、子どもが夜なかなか寝ようとせず遊んでいて、それでも寝かせようとするときに、ふとんに連れて行くとぐずります。

でも抱っこして、「まだ遊びたいね。でも、もう夜遅いからまた明日ね」と言いながらなだめていると、多少ぐずりますが、甘えたような声でひと泣きするとそのまま腕の中で眠るのです。言葉がしゃべれないのに、こちらの言っていることを理解している……そんなふうに思えていとしさがひとしおです。

ことばがしゃべれず、自分では生きていくために食べることもできない。自分がもしその立場なら、やはり泣きます。誰かに助けてほしくて泣きます。子どもが母親を頼って泣いて訴えて、もしそれをはねつけられたとしたら、苦しくて、悲しくて……当たり前ですよね。いまでは、子どものやさしさ、素直さをひしひしと感じます。

以前の私は、「この子をちゃんと育てなければ」とピリピリした緊張感を持っていました。しかし、いまはそんな先のことよりも、いま自分の腕の中で抱かれている我が子を見て、「こんなにしあわせな気持ちを感じさせてくれてありがとう」と、素直に思える余裕ができてきました。

いつもいつもうまくいくわけではありませんが、こうして話を聞いていただいて、自分の気持ちを考え直し、反省したり振り返ったりできたことも、私が変われたきっかけになったのではと思います。

大切な〝怒り〟を上手に表現しよう

娘と一緒に新聞紙を丸めて

私たちは怒りの気持ちを抑え切れなくなると、「あんたが悪い」とばかりに、誰かに八つ当たりしたくなります。

怒りは、悲しさ、寂しさ、悔しさ、怖さといった本来の気持ちが、「助けて」と叫び出したいほどに高まって、あふれ出たときの感情であることが多いのですが、そのことにはなかなか気づかず、つい自分のつらさを誰かのせいにしがちです。

その意味で、怒りは無知といわれたりもするのですが、そうはいっても、怒りの気持ちを八つ当たりにならないように味わうことで、本来の気持ちにまで行き着くことができるのですから、怒りはとても大切な感情なのです。

怒りの気持ちを表現することから入って、自分の甘える力を取り戻したお母さんの体験を紹介しましょう。

一昨日はいつにも増して苦しい日だったのですが、「だんなとけんかをしてしまったのでグチを聞いて」という友だちからの電話があったので、「いくらでも聞くよ」と出かけました。

人のグチを聞くだけで自分のことはしゃべれなかったので、帰宅してから、またいつもの、どうしようもない苦しみに舞い戻っていました。

一歳八か月の娘が泣いているのに近くに行ってやることもできず、ワンワン泣いている娘の声も聞きたくなくて、私のほうから部屋を出てしまい、ベッドに横たわって、ひたすら無気力感に襲われていました。

でも、さすがに、娘の泣き方が悲鳴に変わってきたのでハッとして、飛んで行って抱っこをしたんです。そして、「ごめん、ごめん、こんなママでごめんね」とまた自分を責めて……。

あーあ、またいつもの堂々めぐり。そう思ったら、今度は何ともやるせない怒りに変わって、怒りたくて、怒りたくて、どうしようもなくなったんです。

ふと、阿部先生の本に書いてあった、「新聞紙を丸めて叩いて、怒りを発散する」という方法を思い出して、娘の分も作って二人でソファーをバンバン叩いて、叩いて、叩きまくりました。

私は、いつのまにかブツブツ文句を言いながら叩いていて、それを見ていた娘が面白がって一緒に叩いていました。前にも同じことをやったことがあるのですが、そのときは娘がとても怖がっていたので、どうして今回は面白がっているのか不思議でした。

「幼稚園のとき、いつも買い物について行くたびに、おいしそうなあのペロペロチョコ買ってほしいって、言いたくても言えなかったの。だから友だちと一緒に万引きしちゃったのよ！　盗んだことがばれたらお母さん、私のお尻がパンパンに腫れるくらいに叩いたわよねー！」

もう、こうなったら止まりません。次から次へと、うらみつらみのことばが出てくるわ出てくるわ……。気がついたら一時間くらいやっていました。

そうしたら、娘がいきなり「抱っこ」と言って、そばにあったティッシュを一枚引っこ抜いて持ってきて、私の涙を拭いてくれたんです。もう、うれしくて、うれしくて、また泣けて。そのついでに、「じゃ、お願い。ママをナデナデして」と言ったら、やさしい声で、ことばにならないナデナデを言いながらなでてくれました。

泣きながら、聞いてもらいながら

そして、ふと気づいたんです。隠し持っていた自分の気持ちを声に出して言ったことは初めてだったので、「そうか、こうやって、人に聞いてもらいながら、ブツブツ文句を言いながらやればいいんだ」って。

そして、もうひとつ。最初に書いた、自分が苦しいのに友だちに「グチ聞くよ」と言ってしまった行動のことで、私はいままで、自分がしてもらいたいことを反対に人にしていた、ということに気がついたのです。小さいころはよく兄や姉からおせっかいな妹と言われていたのを覚えています。

直接口で言うことができなかった私は、「こうしてほしいんだよ」ということを無意識のうちに他人にしていたのでしょう。

このごろは、食事中にとうとうこらえ切れなくなって、主人の前でも感情をあふれさせたりもしています。でも、娘は面白いことに、私が泣きながらブツブツ文句を言っていると、とってもうれしそうにして、パクパクおいしそうにたくさん食べるんですよ。いままでは全然食べてくれなかったのに、ハハハ。

いまはちょっとずつ、私も親に甘えていいんだと思えるようになっているようです。甘えられる人がいるうちに甘えておかないと、何だか後悔するんじゃないかと思うんです。だって、私のお母さんはたったひとりしかいないのですから。

ネガティブな考えしか持ち合わせていなかったのに、こう思えるようになっただけでも進歩です。二六年生きていて、それまで知ることのなかった自分の新たな面を発見して驚いています。いまはとても穏やかな気持ちでいます。

遠いところにいる見ず知らずの私に、ここまで真剣にお返事を書いてくださって、ほんとうにありがとうございます。

初めはただひたすら助けを求めたい一心だったので、こんな感謝の気持ちも忘れていましたが、よく考えてみると、どこの誰かも知らないのにここまでしていただいて、と考えたら、とてもうれしくて、また涙がいっぱい込み上げてきました。

ちゃんと自分のことを見てくれている人がいると思ったら、ほんとうにうれしくてうれしくて……。

夫婦仲がギクシャクしていても

泣き声も笑顔も消えて

両親仲良くというのは子育ての理想のひとつであり、お母さんがしあわせな気持ちでいると、子どもは安心して〈成長〉という大切な仕事に専念することができます。

ところが、私たちの多くは、幼いころからの未解決の思いを引きずったまま、おとなになって結婚します。そのため、苦しい思いをそのままぶつけ合って、お互いの傷をうずかせてしまうようないさかいを重ねて、子どもを苦しめることになります。

でも、自分を大切にするということは、夫婦仲がギクシャクした深刻な状態にあるときでさえ不可能ではありません。

あるお母さんの例を紹介しましょう。

どこの家庭にもあることですが、生後九か月のマンタちゃんのご両親もまた、けっして愛し合っていないわけではないのに、何かにつけてけんかが絶えませんでした。お父さんは大声で暴言を吐き、お母さんは感情的になって泣きながら抗議します。

マンタちゃんのお母さんは、夫婦間のゴタゴタが続いて苦しい日々を送っていたこともあって、マンタちゃんの泣き声を聞くと、自分自身の切なさがうずいてつらくなりました。

そのため、オッパイをほしがって泣くときだけでなく、何かで泣いたりぐずったりするたびに、日に何度となくオッパイを与えて口をふさいできました。

マンタちゃんはしだいに泣かなくなり、お母さんは助かっていたのですが、そのうち、マンタちゃんの無邪気な笑顔も消えてしまい、あやしてもあまり反応が返ってこなくなってしまいました。抱いてオッパイをあげようとすると体を反り返らせるので、マンタちゃんを寝かせたまま、覆いかぶさるようにしてオッパイを飲ませなければなりませんでした。

こんなふうに、「無邪気な笑顔が消えてしまった」「あやしても反応が返ってこない」「オッパイをあげようとすると反り返る」などの気になる様子が見られるようになったことから、お母さんと「癒しの子育て」との縁ができました。

「癒しの子育て」を知ったいま、お母さんは泣き声すらいとおしく感じる日々を送るようになりました。「大好き、大好き」と言っていたら、マンタちゃんも大きな声を出してキャッキャッと笑ってくれるようになりました。

そんなある日、「泣きたかったとき、オッパイで口をふさいでばっかりでごめんね」と語りかけると、マンタちゃんがニコニコ笑ってくれたのです。

「ほんとうに、ことばはしゃべれなくても、語りかければ心は通じ合うものだ」

とお母さんは実感しました。

「パパ、ママ、けんかをやめて」

しかも、いろいろ話しかけているうちに、マンタちゃんが無邪気に笑うことができなくなっていたのは、ただオッパイで口をふさいでいたからだけでなく、お父さんとお母さんの仲を心配してのことだったことに気づき、マンタちゃんがかわいくてかわいくてたまらなくなりました。

それまではけんかになると、マンタちゃんがそばにいることも忘れて夫婦で言い争っていたのですが、このことを知ってからは、けんかをしながらもマンタちゃんのことが気になってたまりませんでした。

すると、お父さんが大きな声を出すたびに、マンタちゃんはビクッビクッと震えているではありませんか。そして、震えながらも、お母さんにすり寄ってきて頬をなでたり、お父さんに寄っていって肩を叩いたりするのです。その姿はまるで仲裁をしているようで、お母さんは目頭が熱くなりました。

それでも、けんかを途中で止めることができません。言い争いがますますエスカレートするのを見ると、マンタちゃんはあきらめてしまったかのように、部屋のすみで静かにひとり遊びを始めました。その姿が何とも痛々しくて、お母さんは胸が締めつけられる思いでした。

けんかが一段落して、お母さんがマンタちゃんを抱き上げると、こらえていたのを吐き出すかのように泣き出しました。

「パパとママがけんかしてると悲しいよね、悲しませてごめんね。でも、心配しなくていいよ、ちゃんと仲直りするからね……」と伝えはしましたが、お母さんもお父さんと気持ちがすれ違っている苦しさがあるものですから、自分もなかなか涙を止められません。

それにつられるようにして、マンタちゃんはますます激しく泣き出して、なかなか泣きやまなくなり、お母さんは困ってしまいました。

こんなときには、赤ちゃんを泣きやすい横抱きにしないで、落ち着きやすい縦抱きにしたり、立って抱いたりして、ほどほどに泣いてもらったらいいでしょう。「心ゆくまで泣いていいよ」というのは理想ですが、それまで泣きにくくなっていた赤ちゃんをいきなり泣かせようとすると、我慢のフタが一気にひらいてしまって、収拾がつかなくなってしまうかもしれないからです。

夫婦げんかのあとで、マンタちゃんはまた萎縮してしまい、表情が硬くなり、笑い声が消えてしまいました。あやしても、ちょっかいを出しても、あまり応じてくれないのです。

「息子の姿が私たちに教えてくれているみたい。育児は育自だなあ」とお母さんは思いました。

自分の「ほんとうの気持ち」に気づく瞬間

そして、ある夜、ちょっとしたことでお父さんとお母さんはまた口げんかをしてしまいました。その翌日、マンタちゃんを抱っこするととてつもなく抵抗されました。

お母さんはその泣き声を聞いて、「こんなに激しい悲しみや訴えを背負っているのか」と思い、必死で抱きしめ続けました。それでも、激しい泣き声を聞

いているうちにつらくなり、

(もうだめ、オッパイでなだめてもいいかしら、でも、ここでくじけるなんて……)

と心の中で必死に格闘しているうちに、

「泣きたいのはこっちよ！」

と、とんでもなく大きな声でお母さんも泣き出してしまいました。せきを切ったように涙があふれます。

すると、さっきまで大泣きだったマンタちゃんが突然泣きやんで、ぽかーんと口をあけてお母さんを見つめているのです。

「ママが泣いたら、そんなに不思議？　ママだって泣きたいときがあるよー……、ママも悲しいんだもん……」

と言ったとたんに、

(あっ、そうか。私、悲しかったんだ)

と気づきました。

ご主人とうまく気持ちがかみ合わず、すれ違いばかりの日々が悲しくってたまらないのに、悲しみのドアをロックして、威勢よくけんかしたり、ご主人に当たることでバランスを取っている自分の気持ちに、マンタちゃんが気づかせてくれたのです。

お母さんがひたすら、泣きたいだけ大泣きしたら、マンタちゃんはめちゃくちゃ笑っていました。「おいおい、やっと泣いたか。手のかかる親だなあ」と言われているように感じたそうです。

さあ、次に、いったいどんなことが起きたでしょうか。

マンタちゃんがお母さんに気づかせてくれた、「悲しい」「寂しい」という感情を、お母さんは率直にご主人に伝えることができたのです！

それ以来、ご主人の態度も変わりました。そして、ようやくマンタちゃんに笑顔が戻ってきました。急に、声を出して笑ってくれる場面が増え、硬い表情がゆるんできたのです。

こんなふうに、お母さんがご主人との関係で苦しい気持ちを抱えながらも、その苦しい気持ちに心を丸ごと占領されてしまわないで、子どもと気持ちを響き合わせ、自分の内面と向き合うようになったことで、子どもの笑顔を取り戻すことができました。

この坊やはきっと、思いやりのあるやさしいおとなに育つことでしょう。

「子どもが安心して泣ける親」になるために

子どもは「相手」を見て泣いている

子どもの甘え泣きが上手になり、親もまた自分の中の気持ちと仲良くなるにつれて、子どもの気持ちがとてもわかりやすくなった、という話をよく聞きます。お母さんの中に秘められていた感性が働きやすくなる、ということなのでしょうね。

次に紹介するのは、そんな体験をしたお母さんからのお便りです。

生理痛がひどかったので、いつもは私と二人で行くベビー・スイミングに、夫に参加してもらい、私は見学していました。息子には、「今日はママはポンポンが痛いから、パパとプールへ行ってね」と説明しました。

いつもは帰りの車内で寝てしまう息子が、帰宅して、昼食後一時間たっても昼寝をしません。私が「さあ、ネンネしましょう」と寝室へ行くと、いつもは「ネンネ、ネンネ」と喜んでついてくるのに、怒り泣きをしながら「ナイナイ」と言って、夫のほうへ行ってしまいます。

それで、これは何か言い分があるぞと思って抱っこしました。

夫も横で「どうした？」と理由を知りたそうにしています。私も最近では、息子の身になっていろいろ言っているうちに、口に出してから「あ、そうか、このことか」と、息子の反応を待たずに気づくことが多くなりました。

この日も最初は、「ママが一緒にプールに入ってくれなかったのがいやだった」かなとも思ったのですが、そのうち、ふいに私の口をついて出てきたことばは、「ママはポンポンが痛い、ボクは心配だ」。これを言うと、息子はますます激しく泣き出しました。

それを聞いた夫は、「ママはだいじょうぶだから、心配しなくていいよ」

と何度も息子に話していました。

しばらく大暴れしてから、息子は突然「パパ」と言って起き上がり、夫の腕の中へ抱かれていき、しばらくして眠ってしまいました。

こうして、それまで「癒しの抱っこ」に及び腰だった夫を、息子が巧まずして巻き込んでしまったのです。それ以来、夫が家にいるときは、必ず夫にも抱っこをさせる息子です。

面白いのは、さんざん私の抱っこで大泣き大暴れをしたあとで夫のところへ行くことです。そして、夫の抱っこではけっして暴れず、おとなしく声だけ上げて泣くのです。

無心に泣いているようでも、ちゃんと相手を見て、相手の許容範囲で泣いているのだな、と驚いてしまいます。

夫はまだ初心者ですから、大暴れする息子を全身で受け止めるまではできないことを、ちゃんと心得ているようです。でも、主人と息子の心の距離は少しずつ縮まっているように思います。

この、「相手の許容範囲で泣く」という子どもの賢さは、幼いころに初めて相談に連れてこられた子どもが、小学一、二年生くらいになったところで再び来談することがよくある、という現象にも見て取ることができます。

子どもがまだ一、二歳だったころには泣かれるだけでオロオロしていたお母さんが、いまではすっかり頼もしくなって、

「おにばばあ、うるせえんだよ」

「怒りんぼママなんか大嫌い」

「お母さんなんかどっかへ行っちゃえ」

などと悪態をつかれても、おおらかに、にこやかに、「ヨシヨシ」と受け止められるようになり、

「あのころは子どもと本気で張り合ってあげられていなかったことが、いまはわかります。気持ちを聞いているつもりが、実際には子どもの必ずしも本心ではないことばに振り回されていました。さぞ心もとなく、寂しかったでしょう

ね」

などとおっしゃるようになっているのです。

そんなお母さんが、子どもの成長とともに新たな課題に直面して、それを乗り越えるために再び来談するわけですが、お母さんの心の許容範囲が広がったからこそ、子どもは安心して新たな課題を投げかけることができた、ともいえますよね。

そんなふうに、お母さんが子どもと真っ直ぐに向き合えるようになると、子どもは安心してわかってもらえたと満足します。

そのあとには、子どもは素直に甘えるので親子の関係が親密になるし、子どもが無理なくがんばるようになるのでお母さんの安心が広がります、親子の歯車がかみ合って回り出し、しあわせが広がっていきます。

そうなっていく過程でしばしば、お父さんも輪に入ってきて、夫婦の親密さも取り戻し、家族がひとつにまとまっていきます。

めでたし、めでたし。

おわりに

電車やバスの中で子どもが泣き出したとき、ほかの乗客から「うるさいぞ」とどなられたり、「わがままなお子さんで大変ね」と嫌みを言われたり、果ては子どもを叩かれたり……。そこまではいかないとしても、突き刺さるような視線にさらされて居たたまれない思いをした、というお母さんは少なくないでしょう。

また、アパートなので周囲に気兼ねして子どもを泣かせるわけにいかない、という話もよく聞きます。

今日的な現象として、世の中のおとながおしなべて、子どもの泣き声への耐性や許容度を失ってきています。

おとな自身が自分の感情を抑えてきたために、子どもの泣き声を聞くどころではなくなってきているのです。

もともと我が子の泣き声はともかく、よその子どもの泣き声はそれほどは気にならないはずなのに、よその子どもの泣き声でさえ聞いていられない、という人が増えてきているようです。

そうした風潮の中で広まってきた、「泣かせない子育て」。

もちろん、いまの子育ての問題点としては、「親子間の葛藤をおそれて子どもの言いなりになってしまう子育て」「暮らしにゆとりがなく親子の心の密着がおろそかになる子育て」「おとなの親心を立てにくい子育て」などいくつか指摘することもできるのですが、まずは「泣かせない子育て」に注目することで、そこから芋づる式にほかの問題点にもたどり着くのではないか、と私は見ています。

「泣かせない子育て」の克服をといわれても、その風潮の中にどっぷりつかって生まれ育ってきている若い人たちには、なかなかピンとこないはずです。そのため、なるべく実例を、また、お母さんたちの体験談を多く紹介しました。

この本を手がかりに、あなたの感性を働かせながら、子育てのちょっとした軌道修正に役立てていただけたらさいわいです。

もし本を読んだだけではピンとこないということでしたら、どうぞお子さんを連れて相談にいらっしゃってみてください。

阿部秀雄（あべ・ひでお）

1937年、栃木県生まれ。癒しの子育てネットワーク代表。日本抱っこ法協会名誉会長。

東京大学教育学部教育心理学科卒業。千葉県保育専門学院講師、つくも幼児教室長を歴任する中で、子育てがうまくいかずに苦しんでいる親子が多いことを痛感。「抱っこ法」による「癒しの子育て」が全国津々浦々に広まることをめざして活動している。また、心の傷を抱えたまま大人になり今も苦しんでいる人に向けて、癒しのワークショップ「天心」も行なっている。

おもな著書に『１～６歳成功するしつけの技術』（カンゼン）『わが子は自閉症？と思ったら——抱っこ法による心のケア』（共著、エスコアール）『「大好き」を伝え合う子育て』（中央法規出版）などがある。

http://homepage2.nifty.com/happyhug/

happyhug@nifty.com

本書は、2005年12月にリヨン社より刊行された『子どもの「泣く理由」がわかる本』を改題し、加筆・修正したものです。

二見レインボー文庫

子《こ》どもの泣《な》くわけ

著者　阿部秀雄《あべひでお》

発行所　株式会社 二見書房
東京都千代田区三崎町2-18-11
電話　03(3515)2311［営業］
03(3515)2313［編集］
振替　00170-4-2639

印刷　株式会社 堀内印刷所
製本　株式会社 村上製本所

ISBN978-4-576-15116-8
http://www.futami.co.jp/

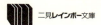